普通高等院校创新创业教育系列规划教材

创业基础

主　编　杨秋玲　王　鹏
副主编　袁春平　曾　琳　杨　樱
　　　　杜丽洁　蒋依玲

北京理工大学出版社
BEIJING INSTITUTE OF TECHNOLOGY PRESS

内容提要

本书围绕大学生创业所需的基础知识、基本理论、基本方法和基本流程编写而成，旨在帮助大学生认识到创新意识的巨大力量，并培养和提升自身的创业能力。全书共分六章，包括创业、创业精神与职业生涯发展，创业者与创业团队，创业机会与创业风险，创业资源，创业计划，以及新企业的开办。各章设置了引导案例、思考与练习等栏目。

本书可作为普通高校的教材，也可作为相关人员自主学习的参考书。

版权专有　侵权必究

图书在版编目（CIP）数据

创业基础 / 杨秋玲，王鹏主编 . —北京：北京理工大学出版社，2018.3（2020.4 重印）

ISBN 978-7-5682-5468-7

Ⅰ. ①创… Ⅱ. ①杨… ②王… Ⅲ. ①大学生–创业 Ⅳ. ①G647.38

中国版本图书馆 CIP 数据核字（2018）第 063473 号

出版发行 / 北京理工大学出版社有限责任公司
社　　址 / 北京市海淀区中关村南大街 5 号
邮　　编 / 100081
电　　话 / （010）68914775（总编室）
　　　　　（010）82562903（教材售后服务热线）
　　　　　（010）68948351（其他图书服务热线）
网　　址 / http://www.bitpress.com.cn
经　　销 / 全国各地新华书店
印　　刷 / 天津久佳雅创印刷有限公司
开　　本 / 787 毫米 × 1092 毫米　1/16
印　　张 / 9.5　　　　　　　　　　　　　　　　责任编辑 / 江　立
字　　数 / 223 千字　　　　　　　　　　　　　　文案编辑 / 赵　轩
版　　次 / 2018 年 3 月第 1 版　2020 年 4 月第 4 次印刷　责任校对 / 周瑞红
定　　价 / 28.00 元　　　　　　　　　　　　　　责任印制 / 施胜娟

图书出现印装质量问题，请拨打售后服务热线，本社负责调换

前 言

"大众创业,万众创新",这句写进总理政府工作报告的话,宣示着中国进入了"创时代",而大学生正是这个"创时代"的主流。创业带动就业,成为如今经济发展新常态下的新引擎。

大学生创业已经受到社会各方面的高度关注。根据可思研究院的统计数据,自2012年以来,我国大学生创业者的比例稳步上升,从2012届的2.0%上升到了2016届的3.0%。与此同时,国家自主创业鼓励政策也在日趋完善,有数据统计,在国家大力支持下,2016届大学生毕业时的创新能力较2012届大学生提高了5%左右。

由此可见,大学生的创业活动正在成为我国社会经济发展的一股崭新"驱动力",它不仅给大学生毕业时的就业带来了新的机会,也使大学生的创新能力得到了显著的提高。

现在,我国大部分高校都已经将大学生创业教育列入了学校育人系统工程的重要内容。各高校也已经认识到,大学生创业教育的意义,不仅在于培养、帮助大学生直接从事创业活动,更在于提高大学生的综合素质,激发大学生的创业热情,促进大学生的创新能力。大学生创业教育已经成为高校探讨人才培养模式、强化素质教育的有效途径。

针对在校大学生进行有效的创业教育,切实培养其创新意识、创业精神和创业能力,不但对大学生在校学习有很大的激励作用,对大学生毕业后自主创业也有帮助。

有鉴于此,编者精心编写了本书。本书将创业之路从前到后细分为创业、创业精神与职业生涯发展,创业者与创业团队,创业机会与创业风险,创业资源,创业计划,新企业的开办六个部分。为了让创业者脚踏实地走好每一步,本书还配备了相应的案例和操作详解,如创业前期准备、创业机会选择、创业计划书的撰写,以及如何吸引风险投资等。另外,本书还为高校创业教育的组织与实施提供了一些方案,为大学生创业实践提供了一些成功的案例。

总的来看,本书就是以"培养大学生创业意识、激发大学生创业热情、提高大学生创业能力"为导向,以系统的创业基础知识为脉络,以创业素质和能力教育为重点,以创业能力的提升为核心而编写的一部侧重实践、特色鲜明、集知识和能力提升为一体的教材。

由于编者水平有限，书中难免有不妥之处，敬请广大读者批评指正。

编　者

目 录

第一章 创业、创业精神与职业生涯发展 (1)

第一节 创业与创业精神 (2)
一、创业的定义与功能 (2)
二、创业的要素与类型 (2)
三、创业过程与阶段划分 (4)
四、创业精神的本质、来源、作用与培育 (6)

第二节 知识经济发展与创业 (10)
一、经济转型与创业热潮的关系 (10)
二、创业活动的功能属性 (13)
三、知识经济时代赋予创业的重要意义 (14)

第三节 创业与职业生涯发展 (15)
一、广义和狭义的创业概念 (15)
二、创新型人才的素质要求 (16)
三、创业能力对个人职业生涯发展的意义和作用 (18)

第二章 创业者与创业团队 (22)

第一节 创业者 (24)
一、创业者概述 (24)
二、创业者的素质与能力 (26)
三、创业动机的含义与分类 (29)
四、产生创业动机的驱动因素 (31)

第二节 创业团队 (32)
一、创业团队及其对创业的重要性 (32)

二、创业团队的优劣势分析 ………………………………………………… (34)
　　三、组建创业团队的策略及其后续影响 …………………………………… (35)
　　四、创业团队的管理技巧和策略 …………………………………………… (36)
　　五、创业团队领袖的角色与行为策略 ……………………………………… (38)
　　六、创业团队的社会责任 …………………………………………………… (39)

第三章　创业机会与创业风险 ……………………………………………… (44)

第一节　创业机会识别 …………………………………………………… (45)
　　一、创意与机会 ……………………………………………………………… (45)
　　二、创业机会与商业机会 …………………………………………………… (47)
　　三、创业机会的特征和类型 ………………………………………………… (48)
　　四、创业机会的来源 ………………………………………………………… (50)
　　五、影响机会识别的关键因素 ……………………………………………… (51)
　　六、识别创业机会的一般步骤 ……………………………………………… (53)
　　七、识别创业机会的行为方式 ……………………………………………… (53)

第二节　创业机会评价 …………………………………………………… (55)
　　一、有价值创业机会的基本特征 …………………………………………… (55)
　　二、个人与创业机会的匹配 ………………………………………………… (55)
　　三、创业机会评价的特殊性 ………………………………………………… (56)
　　四、创业机会评价的技巧和策略 …………………………………………… (57)

第三节　创业风险识别 …………………………………………………… (63)
　　一、创业风险概述 …………………………………………………………… (63)
　　二、系统风险防范的可能途径 ……………………………………………… (64)
　　三、非系统风险防范的可能途径 …………………………………………… (66)
　　四、创业者风险承担能力的估计 …………………………………………… (68)
　　五、基于风险估计的创业收益预测 ………………………………………… (69)

第四节　商业模式开发 …………………………………………………… (70)
　　一、商业模式的定义和本质 ………………………………………………… (70)
　　二、商业模式和商业战略的关系 …………………………………………… (72)
　　三、商业模式因果关系链条的分解 ………………………………………… (73)
　　四、商业模式设计的思路和方法 …………………………………………… (75)
　　五、商业模式创新的逻辑与方法 …………………………………………… (78)

第四章　创业资源 …………………………………………………………… (85)

第一节　创业资源概述 …………………………………………………… (86)

一、创业资源的内涵与种类 ……………………………………………… (86)
　　二、创业资源与一般商业资源的异同 …………………………………… (87)
　　三、社会资本、资金、技术及专业人才在创业中的作用 ……………… (88)
　　四、影响创业资源获取的因素 …………………………………………… (90)
　　五、创业资源获取的途径与技能 ………………………………………… (91)
　第二节　创业融资 …………………………………………………………… (92)
　　一、创业融资分析 ………………………………………………………… (92)
　　二、创业所需资金的测算 ………………………………………………… (94)
　　三、创业融资渠道 ………………………………………………………… (96)
　　四、创业融资的选择策略 ………………………………………………… (100)
　第三节　创业资源管理 ……………………………………………………… (103)
　　一、不同类型资源的开发 ………………………………………………… (103)
　　二、有限创业资源的创造性利用 ………………………………………… (103)
　　三、创业资源开发的推进方法 …………………………………………… (105)

第五章　创业计划 …………………………………………………………… (108)

　第一节　创业计划 …………………………………………………………… (109)
　　一、创业计划的作用 ……………………………………………………… (109)
　　二、创业计划的基本内容 ………………………………………………… (110)
　　三、创业计划的基本结构 ………………………………………………… (111)
　　四、市场调查的内容和方法 ……………………………………………… (113)
　第二节　撰写与展示创业计划 ……………………………………………… (116)
　　一、研讨创业构想 ………………………………………………………… (116)
　　二、分析创业可能遇到的问题和困难 …………………………………… (117)
　　三、凝练创业计划的计划摘要 …………………………………………… (118)
　　四、把创业构想变成文字方案 …………………………………………… (119)
　　五、创业计划书的撰写和展示技巧 ……………………………………… (120)

第六章　新企业的开办 ……………………………………………………… (125)

　第一节　成立新企业 ………………………………………………………… (126)
　　一、企业组织形式选择 …………………………………………………… (126)
　　二、企业注册流程 ………………………………………………………… (128)
　　三、企业注册相关文件的编写 …………………………………………… (129)
　　四、注册企业必须考虑的法律与伦理问题 ……………………………… (131)
　　五、企业选址策略和技巧 ………………………………………………… (134)

六、新企业的社会认同 …………………………………………………… (135)
第二节 新企业生存管理 ……………………………………………………… (136)
一、新企业管理的特殊性 ………………………………………………… (136)
二、新企业成长的驱动因素 ……………………………………………… (137)
三、新企业成长管理的技巧和策略 ……………………………………… (138)
四、新企业的风险控制与化解 …………………………………………… (140)

参考文献 …………………………………………………………………………… (144)

第一章

创业、创业精神与职业生涯发展

★引导案例

孙福玲大学毕业后，由于工作关系，经常会到国外出差。一次偶然的机会，她发现自己留宿的国外朋友家里，虽然全家才三口人，却有着大大小小、功能各异的毛巾几十条。

孙福玲仔细研究了朋友所在国人们对毛巾的使用习惯和理念，渐渐发现，在一些发达国家，人们对毛巾的要求，早已不是停留在去灰吸湿这些功能上，而是体现在对以产品质量、功能为基础的生活品质与品位的追求上。

经过进一步的调查，孙福玲又发现国内每人每年使用毛巾的数量仅为两条，和发达国家有近十倍的差距。而近年来国内经济的高速发展，也使得人们的消费意识发生了显著的变化，这给国内的毛巾市场提供了很大的想象空间。孙福玲因此萌发了让更多人能用上高品质毛巾的想法。

通过一段时间的准备，孙福玲的国际商贸有限公司正式成立；同时，她也拿下了韩国幸运草品牌毛巾的中国代理权，与全国各地的多家零售商和代理商建立了长期稳定的合作关系。

此后的经营状况出乎孙福玲的意料，来自全国各地的咨询电话不断打来，公司业务量节节攀升。不久后，孙福玲又大胆地引进了国外先进的技术和原料，开始自行研发生产毛巾，基于"源于爱的幸福"的美好愿望，创立了自己的品牌"福缘爱"。

经过几年的苦心经营，孙福玲的毛巾事业蒸蒸日上，"福缘爱"产品的知名度一步步扩大。

过去只用于清洁的毛巾，如今经过孙福玲的打磨，已与艺术、文化紧密地联系在了一起。也可以是一幅壁画，又可以是一件浴袍，还可以是一床巾被，甚至可以是一份礼品，传递人与人之间的友谊。

第一节　创业与创业精神

> ★学习要点
>
> 1. 创业的定义、功能,创业的要素和类型;
> 2. 创业的过程;
> 3. 创业和创业精神的关系,以及创业精神的作用、培育创业精神的方法。

一、创业的定义与功能

对于"创业",业界有多种定义。我国古人对创业的理解是"创造基业",得到一块属于自己的领地。《孟子·梁惠王下》说:"君子创业垂统,为可继也。"这里将创业看作是创立基业,传之子孙。我国的《辞海》也将"创业"解释为创立基业。《新华词典》中,"创业"被定义为开创事业的简称。

在英文中,"创业"则有两种表述方式,Venture 和 Entrepreneurship。Venture 最开始的意思是冒险,在创业中,它的实际意义可以看作是冒险创建企业,是一个动态的过程。而 Entrepreneurship 则表示的是一种静态的创业状态或创业活动,侧重于从企业家、创业者们的角度来理解创业。

综合各种定义,本书认为创业是创业者对自己拥有的资源或通过努力对能够拥有的资源进行优化整合,从而创造出更大经济或社会价值的过程。创业是一种劳动方式,是一种需要创业者运营、组织、运用服务、技术、器物作业的思考、推理和判断的行为。它可以概括为以下几个方面:

(一) 组织资源

企业是由资源构成的,而企业所掌握的资源总是稀缺的。对于创业来讲,就不应拘泥于当前的资源约束,不甘于资源供给的现状,努力突破资源约束,通过资源整合来达到创业目的。

(二) 寻求机会

创业是建立在机会之上的,因此进行任何形式的创业都要密切关注机会。如果创业者没有发现并捕捉适当的创业机会,创业就很难获得成功。

(三) 创造价值

创业活动是一个创造价值的过程,这种价值可以有很多的表达方式,如精神价值、社会价值、资本实物价值,其中资本实物价值更贴近创业的实质。

二、创业的要素与类型

(一) 创业的要素

有"创业教育之父"之称的杰弗里·蒂蒙斯(Jeffry A. Timmons)提出,创业有三个核心要素,即机会、资源和创业者。这三个核心要素对于创业来讲缺一不可。

程，它涉及识别机会、组建团队、寻求融资等活动。可将其大致划分为机会识别、资源整合、创办新企业、新企业的生存和成长四个主要阶段。

（一）机会识别

机会识别是创业过程的核心，也是创业管理的关键环节。识别创业机会包括发现机会和评价机会价值，其中包括：第一，机会来自哪里？或者说创业者应该从何处识别创业机会？第二，什么人更易于发现机会？或者说为什么某些人能够发现创业机会而其他人却不能？或者说哪些因素影响甚至决定了创业者识别机会？第三，人们通常通过什么形式或途径去识别机会？是系统搜集和周密的调查研究还是偶然发现的？第四，是否所有的机会都有助于创业者开展创业活动并创造价值？

围绕这些问题可以看到创业者在识别创业机会阶段采取的活动。为了识别创业机会，创业者首先就要做到多交朋友，并经常与朋友交流沟通，以便准确识别需要解决的问题和机会；创业者还要细心观察，从以往的工作和周边的事物中发现机会，甄别机会；最后，创业者对自认为看到的机会，要能进行评估、判断。

（二）资源整合

资源整合是创业者开发机会的重要手段。强调资源整合，是因为创业者可以直接控制的可用资源少，许多成功的创业者都有白手起家的经历。对于创业者来说，资源整合往往意味着通过整合外部的资源和别人掌握控制的资源，来实现自己的创业理想。

人、财、物是任何生产经营单位都要具备的基本生产要素，创业活动也是如此。对打算创业并识别到创业机会的创业者来说，要想成就一番事业，就要组建团队，凝聚一批志同道合的人。创业者所需要整合的另一种基本的也是十分重要的资源就是资金，这在创业过程中被称为创业融资。创业活动是创业者在资源匮乏的情况下开展的具有创造性的工作，势必面临很大的不确定性，在很多情况下，创业者自身对事业的未来发展也不太清楚。在这样的情况下，外部组织和个体当然不敢轻易对其进行投资。所以不少创业者在创业初期乃至新企业成长的很长一段时间里，都把主要的精力投入融资中。

创业者不能仅靠自己所识别的机会整合资源，还需要围绕机会设计出清晰的商业模式，向潜在的资源提供者陈述清晰的盈利模式，有时还需要制订详细的创业计划。因为潜在的资源提供者也不希望自己拥有的资源闲置，他们也急于寻找资源升值的途径。我国目前的情况是：一方面企业难以融到资金，难以找到合适的人才；另一方面则是大量的资金被存到银行，大量的剩余劳动力在渴望得到工作。

（三）创建新企业

新企业的创建是衡量创业者创业行为的直接标志，有人甚至直接将是否创建了新企业作为个人是不是创业者的衡量标准。创建新企业包括公司制度设计、企业注册、经营地址的选择、进入市场途径的确定等。创业者有时甚至要在是创建新企业还是收购现有企业等进入市场的不同途径之间进行选择，这些也是开创新事业、公司内部创业活动等都需要思考的问题。

对于公司内部创业活动来说，可能没有公司制度设计问题，但同样要设计奖惩机制，甚至需要制订利益分配原则；可能没有企业注册问题，但同样要有资金投入及预算控制机制等问题。创业初期，迫于生存的压力，也由于对未来发展无法准确预期，创业者往往容易忽视这部分工作，结果就会给以后的发展带来许多问题。

（四）新企业的生存和成长

新企业的生存与成长是创业过程中的重要环节。表面看来，新企业与有多年经营历史的现存企业没有本质的区别，都要做好生产销售等类似的工作，但实际上差异还是巨大的。对于已存在的企业来说，其销售工作的核心任务是注重品牌价值，维护好与老顾客的关系，提升顾客的忠诚度。而对于新企业来说，首要的任务则是如何争取到第一个顾客，如何从竞争对手那里把顾客抢夺过来，这意味着新企业要为顾客创造更大的价值，也意味着可能要为获得同样的收益付出更大的代价和成本。

确保新企业生存是创业者必须面对的挑战，但创业者不能仅仅考虑企业的生存，同时还需要考虑企业的成长，不成长就无法生存得更长久，在激烈竞争的环境中尤其如此。企业成长存在内在的基本规律，在这方面，企业成长理论（包括成长决定因素理论和成长阶段理论）研究已经取得了较丰富的成果。创业者需要了解企业成长的一般规律，预见企业不同成长阶段可能面临的管理问题，采取有效的措施予以防范和解决，使机会价值得到充分的实现，同时不断地开发新的机会，把企业做大、做强、做活、做长。

虽然说创业活动要经历四个阶段，但在实际过程中，并没有一个固定的和严格遵循的模式。毕竟创业行为是没有固定的流程的，且它的发生也并没有一定的顺序。

四、创业精神的本质、来源、作用与培育

（一）创业精神的本质

创业精神，简而言之，就是开创事业的思想和理念。创业就是一种创新的精神，一种思考、推理和行动的方式。创业精神适用于个人、企业和国家。它既包括了创业的需要和动机，又包括了创业的思想和方法。创业精神是自主精神、创新精神和务实精神的综合体现。

1. 自主精神

自主精神是创业精神的基础。创业具有实践的各种特征，它以自然和社会为活动的客体，以促进人和社会的发展为目的，其结果是实现人和社会的共同发展和改造。如果对创业实践做具体的分析，就会发现它除了具有实践活动的普遍性外，还具有高于一般的实践活动的特征：在人的自主能动性方面，它特别突出了人的自主精神，即自由创造、自主创业、自立自强的精神，这种自主精神就是创业精神的基础。创业精神的强弱取决于人们自主创业的意愿，这种意愿也就是人的创业需要、创业动机，以及由此升华而成的创业理想，它构成人们的创业意识。创业意识从本质上说就是一种自强自立的精神，它是人们创业的内在动力，是创业精神的基础内容。

2. 创新精神

创新精神是创业精神的核心。在这个社会中，创新和创业精神是正常、稳定和持续的。正如管理已成为所有现代机构的特有机制，成为组织社会的主体职能一样，创新和创业精神也必须成为维持组织、经济和社会的生存所不可或缺的活动。创业就意味着创新，创新就意味着突破。具体到精神领域，则意味着要形成将变革视为正常的、有益的现象的精神，形成

一种寻找变革，适应变革，并将变革当作开创事业的机会的精神，形成一种赋予资源以新的价值的创造性的行为能力。

3. 务实精神

务实精神是创业精神的归宿。务实精神是我国自古以来就重视和提倡的一种精神，它包括多重含义，要求人们办实事、求实效、立实功，躬行践履，不尚空谈，脚踏实地，实事求是，以至达到名与实相符。务实精神是我国的传统美德，也是创业精神的落脚点。创业就是要建立一番事业，它是一种实实在在的实践活动，要扎扎实实地付出艰苦的努力。因此，讲求实效，踏实干事等务实精神，是创业精神的最终归宿。

（二）创业精神的来源

创业精神并非天生，而是在一定的社会、经济、政治、文化以及个人等条件中形成的。换句话说，影响创业精神形成的因素主要有经济、文化、政治及家庭和自身情况。

1. 经济形式与创业精神的形成

经济形式是人类经济的运行形式，是影响创业精神形成的至关重要的决定性的因素。自然经济这一经济运行形式是不需要创业精神的，同时，它也不可能产生和形成创业精神，因为自然经济是一种保守、停滞、封闭和孤立的经济。

创业精神是商品经济发展的产物，商品经济才是创业精神产生的天然土壤。因为，在商品经济中，市场是方方面面联系的纽带，市场竞争是"最高权威"，企业时时都处于一个充满风险、充满机会的急剧变化的竞争环境之中。因此，在商品经济条件下，在市场竞争这一压力机制下，创业者是否具有冒险、创新和竞争意识，就决定着企业的生存与发展，决定着企业能否顺利地完成"惊险的跳跃"。正是这种优胜劣汰、极具竞争性的商品经济的存在和发展，创业者才有了展露自己才华的舞台，才产生了冒险、创新等创业精神。

2. 文化环境与创业精神的形成

创业精神的形成需要一种适合的、特定的文化环境。而特定的文化也会形成特定的创业精神。在士、农、工、商等级森严的环境中，在重农抑商的文化中，是不可能形成创业精神的。重农抑商、士农工商这种文化，诱发人们的只能是"做官为荣""升官发财"的价值取向，产生的只能是"头悬梁、锥刺股"的"读书做官""学而优则仕"精神，一旦皇榜高中，便可光宗耀祖，封妻荫子，"一人得道，鸡犬升天"。在这种文化中，即便是"经商"，最终也是为了挤进仕途。

适合创业精神形成的文化环境，应该是没有森严等级规定而只有社会分工不同的环境。人们在这种分工环境中，只要获得了成功，就会赢得较高的社会地位。在这种文化中，人们尤其赞誉那些经济上的成功者，因为人们知道，经济的发展是人类社会发展和文化进步最终依赖的根本。

3. 经济体制和政治体制与创业精神的形成

创业精神产生于特定的经济和政治体制中，这种体制的特征是把政府官员与企业家严格区分开来，各行其是、各负其责。就经济体制而言，在高度集中的计划经济体制下，是不可能产生真正意义上的创业者的。因为企业是国家机构的"附属物"，它没有生产经营的自主权，一切依照"上级"的指令行事，企业的领导人无须去挖空心思，殚精竭虑为企业的生存发展担忧。

在市场经济体制下，企业是市场主体，市场是企业的指挥棒，各方利益均要通过市场来实现。企业如果没有精明的领导人，如果缺乏创业精神，就很难生存和发展。因而市场经济呼唤创业者和创业精神，市场经济是产生和形成创业精神的基础。就政治体制而言，在政企不分的政治体制下，也不可能游离出真正意义上的创业者，不可能产生创业精神。

4. 创业者家庭和自身情况与创业精神的形成

形成创业精神的个人因素，包括创业者的家庭状况和创业者的自身状况。就创业者的家庭状况而言，他的家庭的社会地位、经济条件、成员，尤其是他父母的受教育程度、信仰、工作性质、性格以及教育子女的方式方法，对创业精神的形成都有着十分重要的影响。

（三）创业精神的作用

创业精神贯穿于创业过程的始终，是调节商机和资源的杠杆，能保持各类创业资源的均衡，推动创业进程的整体推进，具体有如下两方面的作用。

1. 创业精神是创造财富的源泉

创业精神所形成的创新行为可以改变资源产出，创业精神的创新行为经常表现在建立新的顾客群。比如，麦当劳在精心研究顾客所注重的价值后，设计出了小孩喜欢的一套玩具，小孩每次来麦当劳就送给他一个玩具。这个做法吸引了许多孩子，建立了孩子这个新的顾客群，提高了购买力资源，为麦当劳创造了更多的利润。

2. 创业精神有利于加快转变经济发展方式

创业行为经常表现为创造新的产业。如1975年乔布斯在车库里研制了个人计算机，使得计算机成为个人拥有的工具，1976年乔布斯创建了苹果公司。很多这样的公司后来成为著名的企业，带动了一个产业新的增长。不仅如此，创业精神的创新行为还改变了经济增长方式，改变了产业结构，创造了新的产业——高新技术产业。

（四）创业精神的培育

创业精神的培育不仅需要创业者提高自身的学识修养，更需要制度建设。学识修养是软件，制度建设是硬件。不能只靠内在的修养，还要靠制度的调节。

1. 建立创业精神的主体孵化机制

创业精神的某些特质是一种天赋，即成功的创业者的许多资质都是天生的。美国微软公司联会创始人比尔·盖茨不是靠幸运取得成功的，微软也不是建立在偶然基础上的软件帝国。盖茨是计算机天才，更是一个经营和管理天才。他非凡的事业心和进取心，他的高瞻远瞩和异常敏锐的市场嗅觉，是很多人都无法超越的。盖茨对商机的直觉和判断力方面的天赋也是很多人都无法比拟的。需要指出的是，在强调天赋的同时，还应该看到后天的学习对创业精神培育的作用。创业精神的孵化离不开创业者个人自身的勤奋学习、不断进取以及对某些特质、个性的刻意培养和强化。

2. 保持思想上的先进性

先进的思想理念是任何行动成功的基本前提。观念上的超前会将创业者置于更高的层次，为其提供更为广阔的视野和更新的观察视角。保持思想上的先进性就是要以动态的、发展的眼光看待问题，时刻与外部环境同步，保持高度的外界敏感度，在此基础上进行不断的观察、分析与总结。

一是创业者要对政治、经济、文化等宏观环境敏感。具体包括国内政治体制的变动，国际政治格局的重新定位，全球经济发展趋势及侧重点的转移，新的经济增长点的形成以及地区和国际市场上消费者文化意识形态、观念的发展动向、新的需求倾向等。

二是创业者要对技术环境敏感。创业者要关注新技术的出现与发展，了解新技术可能带来的对人类社会生活、思想观念的影响，以及新技术可能带来的对新产品、新的企业甚至新的行业的重大影响。

三是创业者要对同行竞争者、供应商、经销商、潜在入侵者、替代品生产商、政府、最终消费者等企业的利益相关者给予特别的关注。创业者通过分析市场环境的均衡力量与发展倾向，可以知晓本企业所处的地位和前途。

3. 不断完善知识框架

现代科技的迅猛发展促使创业者知识架构不断提升和更新。近年来，在以高科技创业为主流的新经济活动中涌现出了一大批创业者，如马化腾、马云等，这些创业者生动地诠释了新经济的力量，也打造了年轻一代华人"知本家"的创业传奇。全球化时代，中国创业者受教育程度普遍提高，知识结构日渐丰富，逐步具备驾驭全球化时代的本领，同时他们善于把显性知识与隐性知识结合起来，及时预测和捕捉市场商机，开始赢得管理经营上的主动权。

创业者完善的知识架构要靠日积月累，不断充实。一方面要"博"，创业者应该广泛涉猎社会生活知识、人文历史知识、经济学基本理论、管理科学知识和法律法规知识，这将有助于为自己的知识结构筑就广博的"源头活水"；另一方面要"专"，良好的专业技能是创业者事业成功的保证，创业者应该根据自己的兴趣特长深入发掘自己的专业潜能。

4. 培养过硬的心理素质

创业者的心理素质是创业者气质、兴趣、性格的统称。创业者心理素质结构应当合理，即创业者各种气质、兴趣、性格能够兼容互补，减少冲突，达到和谐。

创业者的心理素质培养，应该着力于三个方面。一是培养顽强的忍耐力，塑造百折不挠的韧性。要认识到，困难是人生的常态，挫折是一种投资，所以要百折不挠、勇往直前。二是培养高度的承受力，要学会自我心理调节。商场如战场，市场环境变化无常，福祸难测，创业者要具有良好的心理调节能力，真正做到临危不惧，处乱不惊，受挫不馁。三是要学会独处，注意时常反省自身。戒骄戒躁，不断反省自我，时刻保持真我本色和清醒的头脑。

5. 营造宽松、进取、开拓、创新的社会文化氛围

从社会层面看，创业精神的培育与孵化具有普遍性和广泛性。需要在全社会营造宽松、积极进取、开拓创新的文化氛围，鼓励企业创新创业，使创业者的个性得以完全、充分、自由的发挥。政府相关的政治、经济、法律等激励政策的制定及配套完善的企业服务体系建设，将从很大程度上扶持和促进企业的创新工作，进而有助于创业精神的培育。

社会文化对创业精神的孵化有着重要的影响力。社会文化即民族文化，是全社会成员在共同的生产、生活中所形成的价值观念、行为规范、精神信仰、心理定式、思想意识、风俗习惯、科学文化水平等文化特质。社会文化是创业精神最直接也最充分的营养汲取源头，社会文化中明显的趋势特征往往也会在全社会的创业精神中得到充分的体现。

6. 充分发挥政府的服务与导航功能

第一，一国在政治、经济、法律等方面制定的政策和措施，有助于保护企业的相关利

益，鼓励创业者积极创业。

第二，加强企业服务体系建设，突出重点，鼓励创业，扶持创业企业健康成长。

各国或地区的企业面临的经营问题大同小异，所以政府向企业提供的支援服务种类也很类似，主要有信息公开、融资服务、基础设施建设、业务拓展支持、科技支援、质量服务和人力资源发展等。

从中小企业的不同成长阶段来看，服务体系建设可粗略地分为两类：一类侧重于创业环境；另一类侧重于成长环境。前者重点在于简化创业手续，降低交易成本，制定鼓励性的政策，加强基础设施建设，营造出激发人们创业的氛围；后者则侧重于满足企业资源外取和扩张的需要，如融资、信息服务、管理咨询等。

7. 健全创业者资源配置机制

经济全球化的一个重要特征就是各类生产要素在全球范围内自由流通配置。创业者作为一种十分关键、十分特殊、十分稀缺的资源，只能通过市场配置，才能"人尽其才，才当其值"，从而使这种珍贵的资源得到最充分合理的利用，发挥最大效益。

这一点现在已达成共识，各级政府正在积极呼吁并着手建立中国的创业者市场，其中的关键是构建合理有效的运行机制，使市场充分体现优胜劣汰的效能，充分体现公开、平等、竞争、择优的市场原则，促进创业者公平竞争、不断自律和自我完善。例如，全面建立实施创业者市场准入制度、建立职业经理人中介机构的职业资格制度等。

第二节　知识经济发展与创业

★学习要点

1. 创业热潮形成的深层原因；
2. 经济社会发展不同阶段创业活动的特征；
3. 创业活动对经济社会发展的贡献。

一、经济转型与创业热潮的关系

（一）知识经济的概念

"知识经济"通常解释为以知识为基础的经济，是相对于传统经济而言的经济。传统经济主要是工业经济和农业经济，虽然也离不开知识，但总的来说，在经济增长和运行中起决定作用的是能源、原材料和劳动力的投入，而不是知识的投入，因此也被称为以物质为基础的经济。

知识经济是人类知识，尤其是科学技术方面的知识，积累到一定程度，以及知识在经济发展中的作用增加到一定阶段的历史产物。知识生产方式和知识传播方式发生了根本性变革，由此才产生了知识经济。

知识经济与信息经济有着密切的联系。知识经济的基础是信息技术的广泛应用。知识经济的关键是知识生产率,即创新能力。只有信息充分共享,并与人的认知能力相结合,才能高效率地生产新的知识。信息技术为知识生产提供了新的物质环境。在信息技术发达的环境下,人脑资源配置效率出现了前所未有的提升,知识产生方式出现了跨时间、跨地域、跨行业的变化。同时,信息技术也为知识传播创造了条件,使知识更加容易普及和传递,人类由此获得了快速的进步。分享知识、创造进步加快了经济结构转型,并使创造知识的人群成为经济的重心,同时,由某一知识形成的生产方式造成的垄断被瓦解,垄断利益随之消散,这使人们需要更多地创造新的知识。在这种趋势下,拥有知识并不重要,而拥有知识转化能力和知识的生产能力更加重要。总之,人类积累的知识与信息革命——数字化、网络化、信息化的结合,促使其高效率地生产和传播新的知识,为创业提供了新的物质技术基础。信息经济与知识经济两个潮流的合并,正在全面地改变着社会的生存方式。

知识经济的"知识",是一个已经拓展的概念。它包括:

第一,是什么的知识(Know-What),是指关于事实方面的知识。比如,关于销售渠道方面的知识,专营性渠道可以实现有效控制,但渠道成本较高;再比如,从个体到公司的本质是权力的分散,也是资金获取方式。

第二,为什么的知识(Know-Why),是指原理和规律方面的知识。比如,财务存在着周期性;在规模经济下,可以利用规模扩张获得成本节约。

第三,怎么做的知识(Know-How),是指操作的能力,包括技术、技能、技巧和诀窍等。比如,导游时重点内容必须重复两次以上,并要问是否全部听懂;做成生意必须准备好讨价还价。

第四,是谁的知识(Know-Who),是指对社会关系的认识,以便可能接触有关专家并有效地利用他们的知识,也就是关于管理的知识和能力。比如,必须请顾问来了解财税知识,必须请知识产权专家确定是否申请知识产权。

(二)知识经济的特征

知识经济具有一系列崭新的特点。

1. 知识经济是以新科技革命为依托的信息化经济

以往工业经济的发展和繁荣直接取决于资源,资本,硬件技术的数量、规模和增量,片面追求产品技术的极致和单一商品生产规模的最大化;而知识经济直接依赖于知识或有效信息的积累和利用,将知识作为追求发展的内在驱动力,强调产品的数字化、网络化和智能化。

2. 知识经济是以高科技人才为核心的人才经济

现代国际竞争是综合国力的竞争,其关键是科学技术特别是高新科技领域的竞争,而其中起决定作用的核心因素是人才的竞争。近年来,国内外一些高新科技企业,如脸书、阿里、腾讯之所以能够异军突起,高科技优秀人才起了至关重要的作用。

3. 知识经济是一种创新经济

这种创新不是传统工业技术的简单创新,而是建立在最新高科技成果基础上的、在一系列新兴领域的全新开拓与创造。这些领域具体包括信息科学技术、新材料科学技术、空间科学技术、海洋科学技术和管理软科学技术等。

4. 知识经济是真正意义上的全球一体化经济

全球信息网络的开通及进一步发展，不仅使全球信息资源共享成为可能，而且随着信息技术的发展，必将为整个人类社会充分利用、享有信息资源提供更为快速便捷的手段和更为广阔的空间。

（三）经济转型与创业热潮的关系

1. 经济转型是创业热潮兴起的深层次原因

知识经济时代是鼓励创业、支持创业和培育创业的时代，创业需要融资支持，所以必须建立健全创业投资体系、发展创业投资事业。

创业是知识经济的典型产物，是经济发展的主要动力。在市场经济条件下，创业始终是经济增长的重要动力和经济发展的"寒暑表"。发达国家用于衡量经济是否处于成长期的重要指标之一即是新创办企业的数量，是否处于经济萧条期的重要指标则是倒闭企业的数量。知识经济时代的创业，是典型的利用知识创造价值的活动。

2. 知识经济时代的创业行为

知识经济时代，创业行为有以下几个特征：

第一，关键要素是知识，教育起重要作用。知识经济时代，知识在经济中的支配作用，使知识生产与传播部门变得尤为重要，教育机构不再是培养打工者的地方，而是培养知识创造者和知识商业运用者的地方。越依赖于知识生产的国家，大学的密度越高，大学的科研要求越大；大学越集中，且侧重于研究型的大学越多，这个国家的知识优势越为明显。越是有人才培养与选拔机制和知识创造与转化能力的企业，越具有价值创造能力，也更具有竞争优势。

第二，创业者的重要能力是知识的判断能力与转化能力。在知识经济时代，企业是知识的转化者，什么样的知识可以转化，转化到哪里是企业需解决的核心问题。企业家的主要工作将从组织生产和市场开拓，转变为对知识的理解和知识价值的发现，创业者的重要工作也将从资源整合转变为知识价值的再发现。创业者的重要能力是知识意义的识别与判断，是知识转化的组织能力。

第三，创业投资成为重要支持环境。在以知识为主要资源的创业活动中，创业者主要依赖的资源不再是资本，而是知识，资本退居到相对次要的位置。资本与知识的结合不再是知识主动，而是资本主动；资本也不再以借贷方式进入企业，而是以股权方式进入企业。一方面，知识不能作为银行贷款的抵押依据，所以无法借助于银行金融体系融资，但创业者除了知识以外，仍然缺少资金；另一方面，创业者除掌握知识以外，还通常比较缺乏管理经验，需要管理能力与之配合，创业投资的专业管理可以提供这样的帮助。

创业投资的盈利方式基于股权退出，当企业获得了成长，在市场上的价值有足够的增值时，创业投资可以将股权出让，并获得资本的增加。这种创业利润有别于合股制的利润分成，它是出让权利的获利，也是让企业得到成长的方式。所以，在知识经济时代，必须要有大量的创业投资和股权退出机制与之配合。

第四，创业管理正在专业化。传统创业活动要求创业者具有全能的素质，在知识经济时代，创业者需要借助于许多外部管理能力，来补充自己的一般管理能力的不足。同时，企业成长的不同阶段其管理特征和任务重点也不相同，传统创业活动假设创业者是连续转变管理方式的；在知识经济时代，创业企业存在着大量的夭折现象，这种高风险来自管理能力的不足，解决这个问题通常由专业管理团队完成，创业者仍然保持着对知识理解和判断能力的优势，企业运作具有整合性，而非由个人素质决定。这样，在知识经济时代，创业管理便是一个专业活动，形成了一个专门的职业。

第五，网络规律深刻地影响着创业活动。网络规律是以网络外部性为主的经济规律。网络效应是指用户数量增长给原有用户带来的好处，使后来者能够看到的好处越来越多。QQ、微信成了网民生活、工作的重要工具，原因是网上交流给人们带来了方便，并且随着加入人数的增加，带来的方便是不断增长的。

网络外部性的重要特点是越是没有人加入网络，越难以给没有加入的人带来好处，人们越不会加入；相反，加入的人数越多，带来的好处越多，就越会吸引人们加入。在没有达到有足够效用的顾客数量之前，不会出现网络的自我膨胀，而一旦超过这个阈值，顾客会自动参与其中，网络迅速发展。达到阈值的网络企业活动都无法让自己盈利，企业只有投入，这被称为"烧钱"，而一旦达到顾客数量阈值，企业通常可以盈利，并且盈利越来越快。超越阈值是创业企业的重要战略要点。

二、创业活动的功能属性

创业活动的功能属性可以划分为社会功能属性和个人功能属性。

（一）创业活动的社会功能属性

1. 创业具有增加就业的功能

我国从"九五"以来，在国有和集体企业下岗分流、减员增效的大背景下，国有单位和城镇集体单位的就业空间明显缩小，外资企业和港澳台企业就业数量基本稳定，只有私营企业和个体经济就业持续增长。据统计，1995—1999年，城镇国有单位就业减少2 000多万人，城镇集体单位就业减少1 000多万人，外商投资企业就业增加不到100万人，而私营企业和个体经济就业增加约1 500万人，成为就业的主要渠道。正是由于中小企业在推动经济发展，稳定就业市场方面所表现的突出作用，目前国家对其扶持力度日增。大学生如果能够顺应这一趋势，投身创业，无论对自身还是对社会都将会是双赢的选择。

2. 创业具有促进创新的功能

创业可以实现先进技术的转化，推动新发明、新产品或新服务的不断涌现，创造出新的市场需求，从而进一步推动和深化科技创新，因而提高了企业和整个国家的创新能力，推动了经济增长。从经济发展规律来看，许多新兴产业的产生与发展是由一大批富有创造力和创新精神的创业者推动的，尤其是一些高新技术产业，诸如半导体、软件、计算机、互联网等，更是如此。

3. 创业具有促进经济发展的功能

创业在经济发展中的促进作用直到20世纪80年代才被普遍接受。这是因为主流的经济学家及以欧美为代表的国家政府一直相信大公司创造了整个社会中绝大多数的就业机会、产品和服务，是经济发展的主导力和社会福利的主要源泉。20世纪70年代初的世界经济波动和1973年的第一次石油危机，最先表明了大公司并不总是优越的。许多大公司受到严重冲击而被迫裁员。逐渐地，大公司被认为体制僵硬，对新的市场环境适应和调节较慢。

此后，小企业被认为是解决大公司无能为力的结构变革和就业问题的答案。在某种程度上，20世纪80年代可以看作全面认识小企业经济重要性的10年。在20世纪90年代，伴随深层次的经济问题和失业的增加，人们对小企业的兴趣进一步增加。通过分散化、减肥运动和业务外包，大公司进一步强化了小规模活动的重要性。如今，人们对小企业创造工作和重组经济的期望非常强烈，甚至达到了非常痴迷的程度。

2007年"全球创业观察"（GEM）对42个国家的创业状况进行了研究，发现在主要的七大工业国中，创业活动的水平与该国的年经济增长是高度正相关的。因此，从全球视角来看，创业对一国经济发展起着至关重要的作用。

4. 创业具有促进社会进步的功能

创业活动促进了社会经济体制的改革和深化，它繁荣了市场，丰富了人们的生活，提高了人们的生活质量，促进了社会和谐稳定，是实现共同富裕的有效途径。创业还可以激发整个社会的创新意识和创新精神，有利于社会文化、观念的转变。此外，创业使无数人进入了社会和经济的主流，对社会形成创新、宽容、民主、公正、诚信等观念和文化具有积极推动作用。

（二）创业活动的个人功能属性

1. 塑造并完善个人素质

当创业者准备创业的时候，也许创业者感觉在资金、心理等方面都准备好了，但是做任何事情都不可能一帆风顺，未来是不确定的，创业者不清楚他的性格、他现在所具备的素质能否应对未来企业的成长。当创业者决定创业并最终踏上这条道路的时候，许多他想象不到的事情会接踵而来，对于一个创业者来说，除了继续保持自信、乐观并尽一切努力寻找解决途径之外，别无他法。此时，创业者会更加明白什么是"锲而不舍，金石可镂"，更重要的是学会了利用资源，并与他人紧密合作，会更坦然地面对一次次的失败。

2. 创造个人财富

社会上那些最耀眼、最令人注目的人往往是通过自己创业并取得成功的人，他们的创业过程就像原子核内部发生的裂变一样，他们的个人财富以几何级数的方式迅速增长，如比尔·盖茨、马云、马化腾等。

创业的过程本身就是财富聚敛的过程。一方面，创业者的阅历丰富了，对社会有了更深层次的认识，创业者的个人素质也就得到更大提升，这是精神财富的聚敛；另一方面，最直接的也是人们最容易观察到的便是创业者的物质财富，它体现了创业者的身价、在社会中所处的地位，这和企业内部可以衡量的有形资产一样，是最实在的东西。

3. 实现个人价值

具有创业动机的人往往希望通过创业实现自己的人生价值。当然，人生价值的实现途径是多样的。有的人进行发明创造，把个人价值同人类的科技进步联系起来；有的人致力于人类的解放活动，把个人价值同人类的自由结合起来。但是，更多的人则致力于创业，把个人的价值同社会的物质进步、人类物质文明的发展联系起来，在追求事业报国的活动中实现自己的人生价值。

三、知识经济时代赋予创业的重要意义

纵观20世纪的发展历程，人类逐渐从工业经济社会步入知识经济社会。在以知识为基

础的经济发展过程中,知识成为资本,人才和科学技术的价值得到充分的体现。

生活在工业经济时代的人们,很难想象20世纪80年代会出现比尔·盖茨、马云之类的奇迹,在短短几年时间里,这些年轻人凭借自己的开拓精神、创新能力,用自己的智慧闯出了一片崭新的天地,靠计算机软件、互联网等积累起亿万财富,同时推动了整个人类文明向前发展。

这是一个创业时代。传统的事业发展模式逐渐被打破,创造和创新日益得到认同。美国硅谷早已成为知识界、科技界、企业界有口皆碑的楷模,从那里人们明白了知识原来可以这样快速地转变为财富,科技原来具有如此大的威力,甚至可以引发产业革命。

在追赶世界先进水平、振兴国家的过程中,一批批对未来充满希望和梦想的人,开始思索并实践在中国的创业梦想。

最近几年,伴随着风险投资、互联网和电子商务等在中国的发展,一批创业领袖和高科技企业相继诞生。创业领袖们的个人魅力和奋斗经历正感染并激励着我们,而在科教兴国的时代背景中,高科技产业的振兴对于国民经济的发展来说至关重要。高科技创业公司的出现和崛起,则是高科技产业振兴的重要生力军。创业在这样的环境中,并不仅是个人的选择,而是社会所认同的一种有价值的行为。

不论什么年代,人们都可以充满热情和活力,但是,只有知识经济时代赋予了人们如此多的机遇。在这个知识创造财富、智力就是资本的时代中,人们不必再沿着工业时代前辈们的老路前进。

第三节　创业与职业生涯发展

★学习要点

1. 创业与职业生涯发展的关系;
2. 创业能力提升对个人职业生涯发展的积极作用。

一、广义和狭义的创业概念

(一)广义的创业概念

从广义上来说,杰弗里·蒂蒙斯在《新企业创建》中指出:"创业是一种思考、推理和行为方式,这种行为方式是机会驱动的,注重方法与领导相平衡。创业导致价值的产生、增加、实现和更新,不只是为所有者,也为所有的参与者和利益相关者。"

郁义鸿、李志能在《创业学》中指出:"创业是一个发现和捕捉机会并由此创造出新颖的产品或服务,实现其潜在价值的过程。"

中央财经大学商学院教授周卫中认为创业是一个创造事业的过程。广义地说,这个事业既可以是盈利的事业,也可以是非盈利的,甚至就业也可以叫创业。

我们认为,从广义的角度去看个人的创业,可以理解为是一个人根据自己的性格、兴趣、所学专业、能力等选择适合自己的职业，并为这个职业的成功准备各种条件最后实现自己的人生目标的过程和结果。也可以说是一个人为了实现个人的人生目标，从事社会发展所需要的工作，为社会发展做出贡献的经常性活动，所以广义的创业理所当然包括岗位创业。

岗位创业是指在现有岗位上顺应时代发展和岗位目标要求，创造性地发挥劳动者的聪明才智，通过全面提高自身能力和素质，以期得到晋升和发展，并为岗位提供者尽可能多地创造财富，实现开拓性的就业。因此，从这个角度说，人生就是创业。

（二）狭义的创业概念

从狭义上来说，创业通常仅指自主创业。自主创业又称独立创业，是指创业者个人或创业团队白手起家进行创业，是指转变择业观念，以资源所有者的身份，利用知识、能力和社会资本，通过自筹资金、技术入股、寻求合作等方式创立新的社会经济单元，即不做现有就业岗位的填充者，而是为自己、为社会更多的人创造就业机会。自主创业简单地说是发现或创造就业机会并不断寻求发展的过程。自主创业的主体是投资者和资产所有者。自主创业需要创业者拥有关键资源或有整合资源的能力，因此较岗位创业更为复杂艰难。

大学生自主创业，是指一些有理想、有胆识的大学毕业生为自己开辟一条择业新路，是大学毕业生主动参与社会竞争的一种尝试。自主创业大学生的主要表现是，在大学毕业后利用自己的知识、才能和技术，以自筹资金、技术入股、寻求合作等方式创立新的就业岗位；他们不是现有就业岗位的竞争者，而是为自己、为社会更多的人创造就业机会的开拓者。目前，虽然真正走上自主创业道路的大学生还为数不多，但它代表了一个方向，引领了一种新的就业潮流。自主创业既不同于市场经济体制改革初期干部职工的"下海"，也不是普通的专业性比赛或科研设计；它不仅要求学生能结合专业特长，根据市场前景和社会需求创造新产品和服务，而且要直接面向市场、面向社会，在为社会创造价值的同时，使自我价值得到充分的体现。自主创业的大学生将由知识的拥有者变为直接为社会创造价值的创业者。

本书介绍的创业侧重于狭义创业。

二、创新型人才的素质要求

创新素质是指完成创新活动所必需的基本条件。它是由创新知识、创新思维、创新意志、创新发现、创新境界等方面所组成的复杂系统。

（一）创新知识

培根说："知识就是力量。"其强调了知识在充实自己、改变命运、创造未来中的作用。学习是获得知识的开端，而阅读是最重要的学习方式。书籍记载着先人的智慧成果、先人的经验，凝聚着先人的心血，互联网、搜索引擎是人类有史以来最大的知识库，既汇集了古今中外百科全书，又提供着世界最新知识、最新成果。只有发奋苦读，博览群书，积累一定的知识，才能更好地继承前人的智慧成果，吸纳先进的现代思想和科技知识，为生命、为事业、为实践注入创新的活力和激情。在此基础上，才能明理、明智，才能挖掘出创新思维，从而达到创新的目的。

比尔·盖茨被誉为"信息时代的天之骄子"和"坐在世界巅峰的人"，知识无疑是他成功的钥匙。无论他在湖滨中学时对计算机知识的广泛阅读,还是在哈佛大学时对计算机的研究,都表现出他对知识的痴迷追求。他在湖滨中学的校友奥古斯丁曾回忆道:"他对计算机迷恋到这种程度,可以说是共命运、同呼吸,以致经常忘记修剪他的指甲。他的指甲有时达半英寸长也无暇去修剪。从一定意义上说,他完全是一个沉迷者,不管他做什么,他都是那么投入。"

(二)创新思维

知识是创新的源泉,但是,知识的积累是面对过去,而知识创新需要面对未来。也就是说,创新需要知识,但不是有了知识就一定能够创新。孔子说"学而不思则罔,思而不学则殆",讲的就是学习与思考的关系,思考的核心在于"领悟",自我修炼、自我思考、自我循环、自我完善的过程求的是什么,就是"领悟"。能"领悟"才能提高,才能在自我成长的过程中事半功倍,只有"领悟",才会豁然开朗,对新问题才不会束手无策,才会有办法解决。所以,"领悟"非常重要,不能死学死记,要找规律,要找方法。因为,积累知识不仅是为了继承前人留下的知识遗产,更重要的是为了知识的创新。

(三)创新意志

创新是一个探索未知领域和对已知领域进行破旧立新的过程,充满各种阻力和风险,可能遇到重重的困难、挫折甚至失败。因此,创新型人才每前进一步都需要非凡的知识和坚韧不拔的毅力,为了既定的目标必须坚持不懈地进行奋斗,锲而不舍,遭到阻挠和诽谤不气馁,遇到挫折和挫败不退却,只有具备了这样的创新意志,才能不断战胜创新活动中的种种困难,最终实现理想的创新效果。

(四)创新发现

历史上的科学发现和技术突破,无一不是创新的结果。从这个意义上讲,创新就是发现,而且是突破性的发现。要实现突破性的发现,就要求创新型人才必须具有敏锐的观察能力、深刻的洞察能力、见微知著的直觉能力和一触即发的灵感和顿悟,不断地将观察到的事物与已掌握的知识联系起来,发现事物之间的必然联系,及时地发现别人没有发现的东西。

(五)创新境界

创新,是通过创造性的思维活动所达到的创造性的境界,歌德曾形象地将其比喻为"精确的幻想"。古往今来,许多享誉全球的创造性人才无不把创意作为制胜之道,比如不少诺贝尔奖获得者都认为自己成功的关键在于创新意识,创新意识使他们能在别人未曾想到之时最先提出新的思想并加以实现。著名的人类"星际航行三部曲"(航空、航天、宇航)的创意者,俄国数学家康士坦丁·齐奥尔科夫斯基就是一位"全人类的伟大梦想家",早在1883年,他就在《自由空间》一文中,以其惊人的想象力,提出了即便是今天的科学家也难以想象的宇宙飞船、星际空间站、"火箭列车""多级火箭"等创意。蓦然回首,原来人类壮丽的宇航事业竟一直是接着一个当年26岁年轻人的伟大创意在发展的。为此,叔本华认为,天才的创造,能够达到超我的客观境界,这种主体已不再按规律来推敲那些关系了,而是栖息于、沉浸于眼前对象的亲切观审中,超然于该对象和任何其他对象的关系之外,达到忘我的境界。

从人类的发展史来看,人类之所以能够超越其他物种而成为万物之灵,因素很多,创新无疑是其中一个重要因素。而在创新过程中，是什么样的差异让一些人收获成功，一些人品尝痛苦？这里的因素也很多。爱因斯坦著名的成功公式是："勤奋＋努力＋正确方法＋讲究效率＝成功"。除此之外，在创新中还应具备以上几个方面的素质。创新是人类走向文明和进步的阶梯，只有创新，才可以迎来一个新的时代。创新是一个民族的灵魂。一个民族，只有创新，才能永葆活力，一个国家，只有创新，才能繁荣昌盛，一个企业，只有创新，才能立足市场，即使一个普通人，也只有创新，才能与时俱进。

三、创业能力对个人职业生涯发展的意义和作用

个人职业生涯是指一个人对其一生中所承担职务的相继历程的预期和计划，这个计划包括一个人的学习与成长目标，及对一项职业和组织的生产性贡献和成就期望。一个人的成长与发展需要进行个人职业生涯的规划与设计，确定适合个人条件的各个阶段的发展方向和目标。

具体而言，个人的职业生涯规划是指在对个人和内部环境因素进行分析的基础上，通过对个人兴趣、能力和发展目标的有效规划，以实现个人成就最大化而做出的行之有效的安排。从职业生涯发展过程看，职业生涯发展分为不同的时期。

（一）职业准备期

职业准备期是形成了较为明确的职业意向后，从事职业的心理、知识、技能的准备以及等待就业机会的时期。每个择业者都有选择一份理想职业的愿望与要求，准备充分的人能够很快地找到自己理想的职业，顺利地进入职业角色。

（二）职业选择期

这是实际选择职业的时期，也是由潜在的劳动者变为现实劳动者的关键时期。职业选择不仅是个人挑选职业的过程，也是社会挑选劳动者的过程，只有个人与社会成功结合、相互认可，职业选择才会成功。

（三）职业适应期

择业者刚刚踏上工作岗位，存在一个适应过程，要完成从一个择业者到一个职业工作者的角色转换。要尽快适应新的角色、新的工作环境、工作方式、人际关系等。

（四）职业稳定期

这一时期是个人的职业活动能力最旺盛的时期，是创造业绩、成就事业的黄金时期。当然职业稳定是相对的，在科学技术发展迅速、人才流动加快的今天，就业单位与职业岗位发生变化是很正常的现象。

（五）职业结束期

职业结束期是指由于年龄或身体状况等原因，逐渐减弱职业活动能力与职业兴趣，最终结束职业生涯的时期。

近年来，大学毕业生就业压力越来越大，已成为当前不容回避的客观现实。面对这种形势，自主创业既可以为自己寻找出路，又能为社会减轻就业压力。现在想要自主创业的人不少，自主创业越来越被大学生们所接受，他们不再完全依赖家长和学校帮助找工作，而是主

动发现和寻找机遇，把创业当作一种职业理想，给自己一片更广阔的天空。

未来自主创业的人会越来越多，甚至有可能成为就业的主流，成为毕业大学生就业的首选。据报道，在20世纪末，国际教育界曾做过这样的预测：就世界范围而言，21世纪将有50%的大中专学生要走自主创业之路。1998年10月在巴黎召开的世界高等教育会议更是明确提出"高等学校，必须将创业技能和创业精神作为高等教育的基本目标，为了方便毕业生就业，高等教育应主要关心毕业生培养创业技能与主动精神"，要使高校毕业生"不仅成为求职者，而且成为工作岗位的创造者"。有一种说法，没有学生创业就没有美国硅谷。高校毕业生创业不仅应作为一种能力来培养，更应作为一种文化来塑造。

在我国，大学生自主创业具有良好的环境。从中央到地方到各个高校都鼓励、支持大学生毕业后自主创业，各级政府为大学毕业生创业制定了一系列的优惠政策。这些鼓励措施不仅为大学生开创了一条就业渠道，更激发了大学生自主创业的热情和上进心。因此，对有条件的大学生来说，在深思熟虑之后，不妨勇敢地去创业，给自己一个开辟新天地的机会。

目前，大学生创业的渠道相当广泛。许多大学生创新意识强，有自己的专利或开发项目，创办高科技企业是大学生创业的一条理想之路。除此之外，还有许多创业之路可供选择。例如，一些大学毕业生运用自己的专长、特长，个人或合伙开办餐馆、书店、咨询公司等。大学毕业生自主创业不仅解决了自己的就业问题，而且还给别人提供就业机会。可以说，对于当代大学生而言，自主创业是职业生涯设计的一条光明之路、希望之路。

在大学阶段，大学生学习的根本目的就是多学知识、学好知识。创业知识是大学生所学知识的一部分，只有奠定了良好的创业知识基础，大学生才有望在以后的形式多样、内容丰富的创业活动中如鱼得水、融会贯通，才能在今后的创业实践中得心应手、运作自如。

思考与练习

一、名词解释

1. 创业
2. 创业精神
3. 知识经济

二、简答题

1. 通过本章学习，你认为创业的功能主要包括哪几个方面？
2. 根据创业项目性质可将创业分为哪几个类型？
3. 简述创新与创业的内在联系与差异。
4. 创新思维的主要表现形式分为哪几个方面？
5. 简述管理思维与创业思维的区别。
6. 什么是创新思维？简述创业思维的形成过程。
7. 创业是经济活力之源、社会进步之翼，简述创业的主要功能体现在哪几个方面。
8. 创业过程主要分为哪几个环节？
9. 简述创业精神的内涵与表现形式。
10. 创业精神的形成与发展受相应文化环境、产业环境、生存环境等的影响，请分别对这几个方面进行简述。

11. 创业精神的主要特点是什么？它对个人职业生涯发展有哪些影响？
12. 运用所学知识，简述创业与就业的区别。
13. 创业要有强大的心理基础，创业前的两大心理基础分别是什么？
14. 创业的重要习惯主要分为哪五个方面？
15. 创新型人才通常具备什么素质？
16. 分别简述职业生涯规划与管理的四部曲。
17. 简述创业所需经历的四个阶段。
18. 论述大学生应当如何培育创业精神。
19. 万事开头难，创业也是如此。一般创业都会经历一段颇为煎熬的初期阶段，结合本章所学的知识，你认为造成创业初期生存困难的主要原因是什么。
20. 互联网+时代的到来，网络与传统行业的跨界融合越来越深入，也给创业带来了越来越多的机会，你认同这一观点吗？简述理由并说明你认为最有可能成功的创业项目。

三、实训题

1. 找几个同学或者其他熟悉的人进行一次座谈，就他们的日常消费活动交换意见，注意倾听他们对学校或者学校周围的餐馆、超市等商业服务活动有什么抱怨，记下这些抱怨。按照下列步骤进行实践操作：

第一步，从这些交谈中提出2个以上的创业想法；
第二步，参照后面的清单评价自己提出的每个创业想法，见表1-1；
第三步，选择一个你认为最好的创业想法，对它进行SWOT（优势、劣势、机会、威胁）分析。

表1-1 创业想法

序号	创业想法	是/否
1	它对没有表现出抱怨的消费者有吸引力吗？	
2	它在校园周边的商业氛围中实施是否具有可行性？	
3	它存在转型的机会吗？	
4	你是否有足够的资源和能力来创建类似的企业？	
5	如果你缺乏相应的资源的技能来创建这种企业，而且你知道其他人有这些资源和能力，你能说服他们与你共同创建类似的企业吗？	

2. 搜寻一下国内著名创业成功企业家，如马云、马化腾、王健林等人的案例，以其中一人为例，描述他身上拥有的创业精神，并结合创业要素的理论，分析他们是如何将这些要素积累起来的。

3. 运用头脑风暴的方法，讨论在创业过程中的收获有哪些。

四、测试题：现在你具备创业的资质吗？

创业充满了诱惑，并非每个人都适合走这条路。美国创业协会设计了一份测试题，假如你正想自己"单挑"，不妨做做下面的题。

以下每道题都有4个选项：A. 经常；B. 有时；C. 很少；D. 从不。

在急需决策时，你是否在想"再让我考虑一下吧?"

你是否为自己的优柔寡断找借口说"得慎重,怎能轻易下结论呢?"
你是否为避免冒犯某个有实力的客户而有意回避一些关键性的问题,甚至有意迎合客户呢?
你是否无论遇到什么紧急任务都先处理日常的琐碎事务呢?
你是否非得在巨大压力下才肯承担重任?
你是否无力抵御妨碍你完成重要任务的干扰和危机?
你在决策重要的行动和计划时,常忽视其后果吗?
当你需要做出很可能不得人心的决策时,是否找借口逃避而不敢面对?
你是否总是在晚上才发现有要紧的事没办?
你是否因不愿承担艰苦任务而寻找各种借口?
你是否常来不及躲避或预防困难情形的发生?
你总是拐弯抹角地宣布可能得罪他人的决定吗?
你喜欢让别人替你做你自己不愿做而又不得不做的事吗?

计分:选 A 得 4 分,选 B 得 3 分,选 C 得 2 分,选 D 得 1 分。

得分分析:

50 分以上,说明你的个人素质与创业者相去甚远;

40~49 分,说明你不算勤勉,应彻底改变拖沓、低效率的特点,否则创业只是一句空话;

30~39 分,说明你在大多数情况下充满自信,但有时犹豫不决,不过没关系,这也是稳重和深思熟虑的表现;

15~29 分,说明你是一个高效率的决策者和管理者,有望成为成功的创业者。

五、案例分析

创业之初,张天一既是牛肉粉店老板,有时又要客串大厨。客人们大多不知道他是北京大学的硕士研究生。

"吃圆的,还是吃扁的?"张天一推了推鼻梁上的黑框眼镜,一边舀粉下锅,一边用带着"米粉味"的常德腔和老乡打招呼。在寸土寸金的北京环球金融中心一个 40 多平方米的门面里,24 岁的湖南常德伢子、北京大学法学院即将毕业的硕士研究生张天一开了一家常德津市牛肉粉店,和他一起创业的三个小伙伴更是有硕士、MBA,还有前公务员。

思考:职业前景光鲜的北大高才生为何会选择开米粉店?如果是你,你会选择就业还是创业?为什么?

第二章

创业者与创业团队

★ 引导案例

比亚迪创始人王传福出生于安徽省无为县一户再寻常不过的农民家庭，在父母的关爱下度过了无忧无虑的童年。然而，在他读初中时家里发生的变故，让他经受了心灵的创伤并从此沉默寡言。为了忘掉痛苦，年纪尚小的王传福便两耳不闻窗外事，一心苦读，形成了坚强忍耐的性格。他相信，没有比脚更高的山，没有比脚更远的路。他坚信，只要灵魂不屈，自己一定会走出一条康庄大道。

1987年7月，21岁的王传福从中南工业大学冶金物理化学系毕业，进入北京有色金属研究院。在研究生期间，他更加刻苦，把全部的精力投入电池研究。仅仅过了5年的时间，26岁的王传福被破格委以研究院301室副主任的重任，成为当时全国最年轻的处长。而更让他意想不到的是，一个促成他从专家向企业家转变的机遇从天而降。1993年，研究院在深圳成立比格电池有限公司，由于和王传福的研究领域相关，王传福顺理成章地成为公司总经理。

在有了一定的企业经营和电池生产的实际经验后，王传福发现，作为自己研究领域之一的电池行业里，要花2万～3万元才能买到一部大哥大，国内电池产业随着移动电话的"井喷"方兴未艾。作为研究这方面的专家，眼光敏锐独到的王传福心动眼热，他坚信，技术不是什么问题，只要能够上规模，就能干出事业。于是，他做出了一个大胆的决定——脱离比格电池有限公司单干。脱离具有强大背景的比格电池有限公司，辞去已有的总经理职务，这在一般人看来太冒险，但王传福相信一点：最灿烂的风景总在悬崖峭壁，富贵总在险境中求得。1995年2月，深圳乍暖还寒，王传福向做投资管理的表哥借了250万元钱，注册成立了比亚迪科技有限公司，领着20多个人在深圳莲塘的旧车间里扬帆起航了。

成立一个公司并不难，生产一个产品也不难，难的是如何以尽可能小的投入演变为尽可能大的产出。这就需要眼光，需要冒险。很多创业失败不在于缺乏资金，而在于缺乏眼光和冒险精神，王传福拥有的最大的资本，就是战略眼光和冒险精神。

在当时，日本充电电池一统天下，国内的厂家多是买来电芯搞组装，利润少，几乎没有竞争力。如何打开局面？经过认真思考，王传福决定依靠自身技术研究优势，从一开始就把目光投向技术含量最高、利润最丰厚的充电电池核心部件——电芯的生产。事实证明，王传福这是一招致命的关键所在。

不久，王传福在一份国际电池行业动态报告中发现，日本宣布本土将不再生产镍镉电池，而这势必会引发镍镉电池生产基地的国际大转移，王传福立即意识到这将为中国电池企业创造前所未有的黄金时机，于是决定马上涉足镍镉电池生产。那时，日本的一条镍镉电池生产线需要几千万元投资，再加上日本禁止出口，王传福买不起也根本买不到这样的生产线，但世上无难事，只怕有心人。王传福是一个知道如何控制成本的"抠门"老板，根据企业的特点，他利用中国人力资源成本低的优势，决定自己动手建造一些关键设备，然后把生产线分解成一个个可以由人工完成的工序，结果只花了100多万元人民币，就建成了一条日产4 000个镍镉电池的生产线。

利用成本上的优势，通过一些代理商，比亚迪公司逐步打开了低端市场。经过努力，比亚迪的总体成本比日本对手低了40%。为进驻高端市场，争取到大量的行业用户和大额订单，王传福不断优化生产工艺、引进人才，并购进大批先进设备，集中精力搞研发，使电池品质稳步提升。王传福还经常出国参加国际电池展示会，直接与能下大订单的摩托罗拉等大客户接触，获得了客户的认可后，公司的订单源源不断。1996年，比亚迪公司取代三洋成为中国台湾地区无绳电话制造商大霸的电池供应商。1997年，比亚迪公司镍镉电池销售量达到1.5亿块，排名上升到世界第四位。

比亚迪在电池制造业的如鱼得水，并没有麻痹王传福的危机意识。审慎考虑之后，王传福选择了进军汽车行业，更确切地说是电动汽车市场。2003年1月，在一片质疑声中，比亚迪以2.54亿元港币的价格收购了西安秦川汽车有限责任公司77%的股权。自此，西安秦川汽车有限责任公司正式更名为"比亚迪汽车有限公司"。收购秦川，意在抢占电动汽车市场的先机。

对于王传福的选择，很多人不看好，但王传福相信中国的汽车市场有巨大潜力，电池行业虽然增长速度达到80%，但门槛较低，竞争激烈，而汽车行业虽然门槛较高，但竞争程度相对较低。经过几年发展，比亚迪便形成了集研发设计、模具制造、整车生产、销售服务于一体的完整产业链组合，迅速成长为中国最具创新性的新锐品牌。汽车产品包括各种高、中、低端系列燃油轿车，以及汽车模具、汽车零部件、双模电动汽车及纯电动汽车等。

比亚迪在上海设立了研发中心，聚集最顶尖的人才资源的专业队伍，形成了具有自身特色和国际水平的技术开发平台。比亚迪有一个万人工程师队伍，大多数都是刚毕业不久的年轻人。这些学生刚进入公司，就能接触到核心技术，比亚迪也尝试用各种方法来激发年轻人的潜力，提升他们的能力。为了留住人才，王传福在比亚迪修起了比亚迪村，作为那些在比亚迪工作5年以上的员工福利房，为职工建起了亚迪幼儿园、亚迪小学等。在比亚迪，平等和相互尊重是处理高层和员工之间关系的基本准则，管理层和员工在食堂吃着同样的饭菜，从来没有特殊化。在团队的努力下，比亚迪现已成为中国民营企业的著名品牌，王传福也成为对民族产业贡献卓著的功勋民营企业家。

第一节 创业者

★学习要点

1. 创业者的定义，创业者的基本素质与能力；
2. 创业者动机的含义与分类；
3. 产生创业动机的驱动因素。

一、创业者概述

（一）创业者的定义

人们有时把21世纪的这一代人称为"E一代"（创业的一代），因为他们是自工业革命以来最具有创业精神的一代人。谁是创业者？有人说创业者是能从别人只看到混乱或骚乱的地方发现机会的人。还有人认为创业者是现代商场中的英雄，因为他们以惊人的步伐开创企业，创造新的工作。

创业者（Entrepreneur）一词来自17世纪的法语词汇，它有两个基本含义：

一是指企业家，即在现有企业中负责经营和决策的领导人；

二是指创始人，即将创办新企业或者刚刚创办新企业的领导人。

后来的研究者们倾向于，创业者是发现和利用机会，负责创造新价值（一项创新或一个新组织）的个体。

创业者概念众多，业界众说纷纭。而在本书中，创业者主要是指认识到市场机会，通过发起创立企业试图获得机会带来的收益，而同时又必须为错误的决策承担风险的人。这一定义，主要强调以下几个方面：首先，创业者必须是市场机会的发现者，创业者凭借其信息的优势、知识（不仅包括一般意义上学习获得的知识，在工作过程中积累的经验也是重要的知识）的积累和特殊的敏感性，发现新的市场需求（当然这个需求能够在现代时空的约束下制造出产品用于满足它）、以更低的价格提供现存市场产品和未被完全识别出的需求。其次，通过开创企业或在现有组织中，组织人、财、物等要素，开发市场机会，企图获得机会带来的收益；最后，创业者必须要为自己对机会价值判断的失误而承担风险，如果自己投入资本，则面临着资本和名誉的双重损失，如果没有注入自己的资本金，同样也会因为声誉受损，影响自身未来的市场价值。

（二）创业者的类型

国内外学者对创业者的分类多种多样，分类的标准也不同，主要是按创业者的人格特质、创业内容和创业主体等标准来分类的。

1. 按照创业者的人格特质分类

美国心理学家约翰·麦纳（John B. Miner）在对100位事业有成的创业者长达7年的跟踪调研中，发现这些创业者存在共同的人格特质。约翰·麦纳据此将创业者分为四种类型：成就上瘾型、推销高手型、超级主管型和创意无限型。

（1）成就上瘾型。这类创业者的人格特质表现为：必须拥有成就；渴望回馈；喜欢拟定计划和设计目标；具有强烈的进取心；对既定的事业表现出执着而不放弃的决心，坚持到底，不达目的不死心，是目标非常确定的上瘾者。

（2）推销高手型。这类创业者的人格特质主要表现为：善于观察和体恤他人的感受；喜欢帮助他人；相信社会互动很重要；需要与他人发展良好的关系；有良好的交际能力，相信销售对执行公司经营战略十分重要。

（3）超级主管型。其人格特质表现为：很讲信用，很负责任，他们的能力、力量来自贯彻目标的决心，期望成为企业中的领导人物；具有决断力；对集体持肯定态度；喜欢与他人竞争；期望享有权利；渴望出人头地。

（4）创意无限型。这类创业者的人格特质主要表现为：热爱创新，富有创意；相信新产品的研发对企业经营战略的执行很重要；有创意、有主张，绝对与众不同，有着强烈的冒险精神及好奇心。

2. 按照创业内容分类

创业者可以根据创业内容分为生产型、管理型、市场型、科技型和金融型五种。

（1）生产型。生产型创业者是指通过创办企业推出产品的创业者，是以生产技术为主体，这种产品通常科技含量高。

（2）管理型。管理型创业者是指那些综合能力较强的创业者，他们对专业知识并不十分精通，在管理和协调中有自己的特长，能够通过各种有效的管理手段带领企业前进。

（3）市场型。市场型创业者的一个重要特点就是注重市场，善于把握市场变化机会。在中国由计划经济向市场经济转轨的过程中，涌现出大批的市场型创业者。海尔集团张瑞敏就有一句名言，"三只眼睛看世界"，其意思就是：计划经济时期企业只有一只眼，即盯住政府就可以了；市场经济条件下则要有两只眼，一只盯住市场，另一只盯住员工；转型期的企业则需要具备第三只眼，也就是说盯住市场和员工之外，还要盯住政府出台的政策。

（4）科技型。科技型创业者多与高校和科研机构相关联，以高科技为依托创办企业。

（5）金融型。金融型创业者实际上是一种风险投资家，他们向企业提供的不仅仅是资金，更重要的是专业特长和管理经验，他们不仅参与企业的经营方针和规划的制定，而且还参与企业的营销战略制定、资本运营以及人力资源管理。

3. 按照创业主体分类

按创业主体可以把创业者分为勤奋型、智慧型、关系型、机会型、冒险型五种。

（1）勤奋型。勤奋型创业者比较常见，他们主要依靠自己的勤奋努力来发现机会并取得成功。李嘉诚是勤奋创业者的杰出代表。

（2）智慧型。这类创业者依靠自己的聪明才智获得创业的成功。

（3）关系型。关系是创业过程中一种重要的资源，也是一种有潜在价值的非显性的人力资源。关系型创业者就是依靠前辈或自己建立的各种社会关系和人际关系获得成功的。由于新创建企业在创业初期缺乏各种资源，没有建立自己的品牌和信誉，所以关系就显得非常重要。如果在合理合法的范围内利用各种社会关系和社会资源，创业者的成功机会就较大。

（4）机会型。这类创业者的显著特点在于能够敏锐捕捉机会，并最终取得创业的成功。

（5）冒险型。这类创业者有强烈的自我色彩、充沛的精力，爱在冒险中表达勇气，依靠自己的过人胆略和抵御风险的能力而获得成功。

二、创业者的素质与能力

（一）创业者的基本素质

对于创业者而言，其实并没有过多特殊的要求。创业者也不是一群特殊的人群，大多数人都可以成为创业者。但是成功的创业者除了具备一般人的基本素质以外，还应具备一些独特素质。

1. 身体素质

所谓身体素质是指身体健康、体力充沛、精力旺盛、思路敏捷。良好的身体素质是成功创业的前提，健康的身体是成功创业的基础。第一，创业之初，受资金、制度、管理、经营环境等各方面条件的限制，许多事情均需创业者亲力亲为；第二，创业过程中，创业者需要不断地思索如何提高经营管理水平，从而使企业在激烈的竞争环境中迅速成长；第三，在整个创业过程中，创业者工作时间远远长于一般工作者，并且需要承受巨大的风险压力。所有这些因素要求创业者必须具备充沛的体力、旺盛的精力、敏捷的思路，如果没有过硬的身体素质，创业者必然力不从心，难以承受创业重任。

2. 道德素质

道德素质，特指人在道德方面的内在基础。道德是理想之光，成功的创业者必定是一个道德高尚的人，他会在创业的过程中，造福一方，惠及他人。创业过程中，创业者要做到两点：第一，适度控制私心小利。从个体角度讲，如果创业者过于看重自己的利益得失，不注重维护创业团队成员或企业员工的利益，创业者将成为孤家寡人。从企业的角度讲，如果创业者过于关注企业局部、短期的利益，企业则很难做大、做强、做久。第二，创业者要做到得意不忘形，失意不失志。一个成功的创业者在创业顺利时能够居安思危，在创业失利时能够保持斗志使企业转危为安。

3. 心理素质

所谓心理素质是指创业者的心理条件，包括自我意识、性格、气质、情感等心理构成要素。自谋生路，不论做什么都可能会遇到困难和挫折，可能出现意想不到的问题，要有充分的心理准备，要有吃苦的心理准备，要有遇到困难和挫折的心理准备，要有失败的心理准备。有了心理准备，就能在遇到困难和挫折的时候，泰然处之，渡过难关，走出失败的阴影，到达理想的彼岸。一些成功者从谋生到创业的历程，都充满了艰辛和坎坷，甚至到了山穷水尽的地步。所以，创业者自身的心态非常重要，它在创业实践中起着关键的调节作用。

4. 思想素质

思想素质是指一个人的意识形态、思维活动、行为和作风所显示的思想、道德修养、品性、认识等。企业是一步一步做大做强的，这要求创业者必须具备特殊的思想素质，具体包括：第一，既要志存高远，又要脚踏实地。创业者既要为企业做全局的、长期的未来战略规划,又要步步为营按照市场规律办事,从小处做起,做到精细管理;第二,既要有胆有谋,又要有风险防范意识。创业不是靠运气,而是靠胆识和谋略,是一种理性的风险投资,这也要求创业者必须有胆有谋。同时,创业集融资与投资为一体,有一定的风险,这又要求创业者必须有一定的风险及防范风险的意识。

5. 知识素质

创业者的知识素质对创业起着举足轻重的作用。大学生想要创业,只有良好的愿望是不够的。即使具备了创业意识,也只是为创业提供了指引方向。要真正实现创业目标还得靠真本事,必须要有过硬的本领。一位优秀的创业者,其知识结构应是专与博相结合的"T"型结构。当代认知心理学派认为,合理的知识结构有利于同化旧有的知识或概念,形成新的观点和观念。良好的创业知识结构为创业心理与行为提供了一个基本的认知框架和背景,是创业者未来发展的基础。

6. 经验素质

经验素质是创业者在创业过程中实践经验的积累。经验是形成管理能力的中介,是知识升华为能力的催化剂。缺少创业经验,是创业者特别是大学生创业者面临的一个重要问题。创业需要创业者具备很强的综合能力,一些创业者虽然有一些好的创业构想,但是由于缺乏创业经验,项目不是很难得到市场的认可,就是很容易被别人复制。要想提高自己的创业成功率,创业者就应该考虑如何去积累创业经验,切实提高经验素质。

7. 协调素质

创业者在创业过程中需要协调企业内部各部门、各成员之间的关系,同时,还要协调企业与外部相关组织、个人之间的关系,这种关系既包括工作关系也包括人际关系,所有这些要求创业者必须具备综合的协调素质。创业者的协调素质,是一种性质复杂的素质,要求创业者懂得一套科学的组织设计原则,熟悉并善于运用各种组织形式,善于用权,能够指挥自如,控制有方,协调人力、物力、财力,以获得最佳效果。

(二) 创业者的必备能力

要成为成功的创业者,必须具有出色的经营才能。创业能力是一种能够顺利实现创业目标的知识和技能。它除了具有能力的一般含义外,还有自己的独特内涵。

1. 创新能力

创新能力就是创业者在生产经营活动中善于敏锐地察觉旧事物的缺陷,准确地捕捉萌芽的新事物,提出大胆的、新颖的推测和设想,继而进行周密论证,拿出可行性解决方案的能力。创新不仅仅是从无到有地创造一种产品或服务,更多的是在以往的基础上对原有的产品或服务进行改进。创业者的创新能力往往体现在技术、管理和营销上的创新。创业是开创一项事业,没有一种可以复制的模式。一个新的管理理念或是新开发的产品或服务,往往会给创业者带来惊人的回报。

2. 决策能力

决策能力是指创业者能够根据外部经营环境和企业内部经营实力,选定经营项目,确定企业发展方向和目标,拟定企业发展战略和营销组合策略,并能根据内外情况变化适时做出调整的能力。

创业者培养决策能力应注意以下三点:第一,克服从众心理,决策能力强的人,能摆脱从众心理的束缚，思想解放，冲破世俗，不拘常规，大胆探索，唯有此，创业者才能独具慧眼，捕捉到更多的机遇；第二，增强自信心，创业者首先要有迎难而上的胆量，其次要变被动思维为积极思维，再次要培养自己的责任感和义务感；第三，决策不求十全十美，注意把握大局。

提高创业者决策能力有以下几种途径：从博学中提高决策的预见能力；从实践中提高决策的应变能力；从思想上提高决策的冒险能力；从心理上提高决策的承受能力；从思维上提高决策的创造能力；从信息上提高决策的竞争能力；从群体上提高决策的参与能力。

3. 营销能力

营销能力是市场营销技能最直接的体现，也是所有市场销售行为结果的体现。对于大学生创业者来说，行之有效的营销非常关键，新创企业往往做不起广告，多数只能通过创业者亲自拜访目标顾客获得订单。

一旦开始创业，该怎么做？下一步怎么办？都必须要有清醒的认识。如果产品造出来没人买，公司就白开了，有无数公司都是开起来最后却关门了，其根本原因之一就是他们不懂如何推销自己的产品，如何推销自己的公司品牌。因此，要把公司"卖"出去，一个是卖公司的产品，另一个更重要的是随着产品的销售，卖出公司的品牌，就是说让大众认可公司的品牌，让大家都知道这个产品是从公司卖出来的。

4. 交往能力

交往能力是指妥善处理组织内外关系的能力。包括与周围环境建立广泛联系和对外界信息的吸收、转化能力，以及正确处理上下左右关系的能力。人际交往能力是创业者发展和巩固其人脉资源的重要保障。人际交往能力主要在表达能力和反应能力两个方面。

表达能力是充分、有效地将自己的观点阐释给对方的能力。充分有效的表达能够使大家领悟企业目标、面临环境和工作对策，能够使大家更加有效地为完成共同的目标而努力。反应能力是表达能力的有效补充，良好的反应能力能够帮助表达者随时领会和把握表达对象的需求和对表达内容的理解，有效调整表达的方式和内容。

5. 管理能力

管理者的管理能力从根本上说就是提高组织效率的能力。管理者若要准确地把握组织的效率，需具备五种管理能力。一是战略管理能力，战略管理能力是指创业者通过制定、实施、评价企业战略以保证企业组织有效实现自身目标所表现出来的能力。其要求创业者具有战略眼光，能从总体上把握形势，既考虑当前利益，又考虑长远利益，尤其是在某些特定情况下，能够着眼于长期目标，而不拘泥于一时的得失；二是文化管理能力，文化管理能力是指创业者为解决企业的长期生存和发展，在企业内部建立的一种全体员工共同遵循的基本信念和认知的能力；三是信息管理能力，信息管理能力是指创业者善于收集、整理与分析信息，并使之系统化，在企业内外建立通畅信息渠道的能力，这是决策科学化的最重要的基础条件；四是人力资源管理能力，人力资源管理能力是指通过招聘、甄选、培训、报酬等管理形式对组织内外相关人力资源进行有效运用，满足组织当前及未来发展的需要，保证组织目标实现与成员发展最大化的能力；五是组织管理能力，组织管理能力是指创业者为了有效地实现企业目标，运用行之有效的手段，把企业生产经营活动的各个要素、各个环节，从纵横交错的相互关系上，从时间和空间的相互衔接上，高效地、科学地组织起来的能力。

6. 用人能力

公司的管理和运作与其说是资金的运作，不如说是人的运作。创办一个新企业，很重要的一点是要组建一支强有力的核心团队。宁可投资一流团队的二流技术，也不可投资一流技术的二流团队。这是创业投资上不成文的信条，它表明建立一流团队对于创业的重要性。创业者必须坚持"以人为本"的管理理念，必须懂得人力资源的管理。一方面，创业者要网罗企业发展所需的关键人才，招贤纳士，留住人才；另一方面，要充分利用和开发企业现有人才，做到"人尽其才"，构建一个"学、教、练"相结合的学习型的人才团队。

创业者对待下属要具有两种素质：一种是"德"，也就是要奖赏下属，分享财富，只有这样才能凝聚人心；一种是"威"，廉政树威，才敢惩罚下属的不当行为。只有将两者有机结合起来，即"宽猛相济，德威并施""赏罚严明"，才能进行有效的管理。

三、创业动机的含义与分类

（一）创业动机的含义

创业动机是引起和维持个体从事创业活动，并使活动朝向某些目标的内部动力，是鼓励和引导个体实现创业成功而行动的内在力量。创业动机是创业者的内在动力，创业行为是这种内在动力的外在表现。

创业动机产生的内在动力是需求，外在条件是诱因。创业动机可以激发、指导、维持和协调创业活动。

1. 创业动机产生的内在动力与外部条件

第一，创业动机产生的内在动力是需求。生存需求、自尊需求、自我实现的需求是创业动机产生的三个内在条件。例如，有人是为了生存而创业，有人是为了获取他人的尊重、获得自尊心的满足等而创业，还有人是为了实现自身的价值和人生的理想而创业。

第二，创业动机产生的外在条件是诱因。物质和非物质的刺激是驱使创业者产生创业动机的外部因素。例如，有人是因为受到别人较丰富的物质条件的刺激而产生创业想法，有人是因为没有得到他人或社会足够的重视和尊重而产生创业动机，还有人是因为看到他人为理想而奋斗、开创自己喜欢的事业而萌生创业的想法。

2. 创业动机的激发、指向、维持和协调功能

创业动机具有三种功能。一是激发功能，创业动机能激发创业者产生某种创业活动。创业者在受到某些刺激，特别是当这些刺激和当前的创业动机有关时，创业动机更容易被激发。二是指向功能，创业动机使创业活动针对一定的目标或对象。例如，在成就动机的支配下，有人会放弃舒适稳定的工作而选择创业。创业动机不同，创业活动的方向和所追求的目标也不同。三是维持和协调功能，当创业活动产生以后，创业动机维持着这种创业活动，并调节着创业活动的强度和持续时间。如果创业活动达到了目标，创业动机促使创业者终止这种活动；如果创业活动尚未达到目标，创业动机将驱使创业者维持（或加强）这种活动，或转换活动方向以达到某种目标。

（二）创业动机的分类

有研究者将创业者按其创业动机分为艺术型创业者和管理型创业者。通常来讲，艺术型创业者具有强烈的个体性动机去做他们想做的事情，驱动他们的也总是个人的自由追求、自我挑战的欲望，或者生活方式的满足等。

相较之下，管理型创业者则具有更多的商业色彩，通常是受到经济利益驱动或者从奠定基业等具体目标出发，关注于构建一个组织以便于能够更多地参与管理和控制。艺术型创业者更注重非经济利益，管理型创业者则更关注经济利益。

也有的学者把创业动机分为四类：个人挑战、为家族做贡献、经济需求、生活方式需求。

大学生创业是适宜的创业环境与做好创业准备的大学生相结合的产物，大学生走上创业的道路，归纳起来主要有以下四种类型：

1. 生存的需要

首先，由于经济的原因，许多家庭越来越难以负担昂贵的学费。在沉重的经济负担压力之下，为了顺利完成学业，这部分学生中的一部分人只好利用课余时间打工来维持正常的学习和生活。在打工的过程中有一部分具有创业素质的人会发现商机，开始走上创业的道路。

其次，有一部分独立性很强的学生，为了独立生存，成为创业道路上的先行者。

2. 积累的需要

按照美国耶鲁大学教授奥尔德弗的 ERG 理论，人的需求分为生存、相互关系和成长。这三种需求并不一定严格地按照由低向高的顺序发展，可以越级。当代大学生随着年龄的增长，对相互关系和成长的需要会逐渐强烈。一部分大学生为了增加自己的实践经验，丰富自己的社会阅历，或者为了自己以后的发展或实现自己的某个目标做好经济上的准备，在条件成熟的情况下走上创业的道路。这个类型的创业者往往以锻炼为目的，承受失败的能力较强。同时由于压力较小，失败和半途而废的比例也比较高。

3. 自我实现的需要

心理学研究表明：25~29岁是创造力最为活跃的时期，这个年龄段的青年正处于创造能力的觉醒时期，对创新充满了渴望和憧憬。他们思维活跃、创新意识强烈同时所受的约束和束缚较少，对成长的需要也更为强烈。另外，由于所处的环境，他们往往更容易接触一些新的发明和学术上的新成果，或者他们中的一部分人本身拥有具有自主知识产权的科研成果。为了能早日实现自己成功的目标，他们中的一部分人改变了自己的成功观念也开始了自己的创业生涯。

4. 就业的需要

当前，我国的大学生就业形势相当严峻，一方面表现为需求不足，另外一方面表现为大学毕业生的工资待遇降低。在这种情况之下，为了找到一份自己满意的工作，有一部分大学生也开始了创业。

四、产生创业动机的驱动因素

(一) 创业者选择创业的动机受诸多直接和间接因素的影响

创业者产生创业动机的驱动因素包括直接和间接两个方面。直接因素包括个性特征因素、社会特征因素和认知特征因素及个体所拥有的资源状况;间接因素包括宏观因素中的社会保障水平、收入水平和人口统计特征。

1. **直接因素的影响**

(1) 个性特征因素。和从事固定工作相比,开创事业风险更大:创业者必须承担这些相对较大的风险。创业者常常因其新创企业的绩效差而感到不满,且超过一半的企业在5年内都失败了,更确切一点,新企业在5年之内的存活率在33%左右,由此可见创业过程中存在的风险是很高的。创业者的冒险精神显著强于管理者,风险倾向强的个体更容易产生创业动机。

(2) 社会特征因素。创业动机呈低级需求动机、中级需求动机和高级需求动机三因素结构。研究表明,产生创业动机的驱动因素最重要的是高级情感、成就、自我实现等高级需求,其次是兴趣,生存动机在三因素中居于最后的位置,特别是大多数大学生创业并不是迫于生计、不得已而为之,而是经过理性思考之后的主动行为。

(3) 认知特征因素。创业者的自我效能感是指个体相信自己能够成功扮演各种创业角色,并完成各项创业任务的信念强度。创业自我效能感是创业者的一种信念和自信,具体是指创业者对其能力能够影响所处环境并通过相应行为获得成功的自信。当人们面对挫折的时候,自我效能影响人们的选择、热情、努力和坚持,同时,也影响人们对目标能够成功实现的信念,自我效能感是评价创业行为非常关键的认知变量。只有人们对创业成功具备足够的信念和自信的时候,才有可能产生创业的稳定倾向,因此自我效能感越强,创业动机越强。

(4) 资源因素。成为成功的创业者的一个重要条件是资本(资本是创业资源之一),个人所能调配的创业资源越多,创业动机越强烈。

2. **间接因素的影响**

从间接影响创业动机形成的原因看,创业者的需求层次还受诸多具有长远意义的宏观因素的影响。

(1) 社会保障水平。高水平的社会保障可以提高人们的需求层次,由于需求层次决定创业动机,从而可以得出:社会保障水平越高,高级需求动机类型的人创业动机越高;社会保障水平越低,低级需求动机类型的人创业动机越高。

(2) 收入水平。创业者作为有理性思维的个体,短期内的收入变化不会对创业者的需求层次产生显著作用,对创业动机的形成没有太大影响;长期内收入提高有利于创业者需求层次的提高,从而影响创业动机的形成。

(3) 人口统计特征。人口统计特征是创业者群体特点的体现,主要表现为创业者群体受教育水平、经验和经历等。由于人口统计特征的差异,相同的外部因素对创业者个体的作用产生不同的结果,从而形成了同一国家或同一地区创业者需求层次的多样性和创业者创业动机的差异。

（二）创业者可以通过创业教育培养与提高创业素质和能力

创业者的大多数能力并非天生的，而是可以通过接受教育来获得。被誉为"现代管理学之父"的彼得·德鲁克说过："创业学并不神秘，它不是模式，更与基因无关，它是一门学科。与任何学科一样，它可以通过学习获得。"

不能要求创业者必须具备优良的素质和能力才能去创业，但创业者本人要有不断提高自身素质的自觉性。提高素质的途径一靠学习，二靠改造。要想成为一个成功的创业者，就要做一个终身学习者和自我改造者。大量事实表明，创业者可以通过创业教育培养和提高自身的创业素质。创业教育可以降低创业者、创业团队在创业时源于管理层面的风险。有经验的创业者或者受过良好创业教育的准创业者，将会有能力提高新事业的存活率。人们之所以认为创业不是一种理想的职业选择，是因为人们对创业教育的重视不够，缺乏创业的意识和基本技能。

第二节　创业团队

★学习要点

1. 创业团队及其对创业的重要性，创业团队的优势和劣势；
2. 组建创业团队的思维方式，管理创业团队的技巧，领导创业者的角色与行为策略；
3. 创业团队的社会责任。

一、创业团队及其对创业的重要性

（一）创业团队的含义

团队是由员工和管理层组成的一个共同体，它合理利用每一个成员的知识和技能协同工作，解决问题，达到共同的目标。创业团队就是指在创业初期（包括企业成立前和成立早期），由一群才能互补、责任共担、愿为共同的创业目标而奋斗的人所组成的特殊群体。

创业团队有别于一般团队，表现在以下五个方面。

1. 团队的目的不同

初创时期的创业团队建设的目的在于成功地创办新企业，随着企业成长，创业团队可能会发生成员的变化，新组建的高管团队是创业团队的延续，其目的在于发展原来的企业或者开拓新的事业领域。然而，一般团队的组建只是为了解决某类或者某种特定问题。

2. 团队成员的职位层级不同

创业团队的成员往往处在企业的高层管理的位置，对企业重大问题产生影响，其决策甚至关系到企业的存亡。而一般团队的成员往往是由一群能解决特定问题的专家组成的，其绝大多数也并不处于企业高层位置。

3. 团队成员的权益分享不同

创业团队成员往往拥有公司股份,以便团队成员负有更高的责任,而一般团队未必要求成员拥有股份。

4. 团队关注的视角不同

创业团队成员关注的往往是企业全局性的、战略性的决策问题,而一般团队成员只关注战术性或者执行层面的问题。

5. 成员对团队的组织承诺不同

创业团队成员对公司有一种浓厚的情感,其连续性承诺(由于成员对组织投入而产生的一种机会成本,足以让成员不离开组织的倾向)、情感性承诺(个体对组织的认同感)和规范性承诺(个人受社会规范影响而不离开组织的倾向)都较高,而一般团队其成员的组织承诺则并不高。

大学生创业团队应该具有较强的资源整合能力,能通过团队成员间的技能互补来提高驾驭环境不确定性的能力,从而降低新创企业的经营风险,增加创业成功的概率。

(二)创业团队对于创业的重要性

团队对于创业的成功有着重要的作用。有一项针对美国20世纪60年代创业的104家高科技企业的研究报告指出,在年销售额达到500万美元以上的高成长企业中,有83.3%是由创业团队建立的。

通常来讲,一支优秀的创业团队具有以下几个特征。

1. 意志统一

志同才能道合。一个统一的团队,必须具有共同的愿景,有共同的意志、共同的目标以及共同的价值观。在统一的意志下,团队才可能形成团结奋斗的集体。共同的创业理念是组建团队的首要准则。成功的创业者是以正确的创业理念来组建创业团队和指导创业活动的。创业理念决定着创业团队的性质、创业的目标、创业的行为准则,这一基本准则指导着团队成员如何工作和如何取得成功。

2. 分工明确

分工是为了协作,明确的分工就是要让团队中的每个成员清楚自己的职责和任务。科学合理的分工是调动成员积极性和创造性的基础。

3. 才华各异

一支优秀的创业团队成员应该各有所长、相互补充、相得益彰。通常来讲,一支优秀的创业团队必须包括以下几种人:创新意识强的人,可以决定公司未来发展的方向,相当于公司战略决策者;策划能力强的人,能够全面周到地分析整个公司面临的机遇与风险,考虑成本、投资、收益的来源和预期收益以及公司管理规范章程、长远规划设计等工作;执行能力强的人,具体负责执行过程,包括联系客户、接触终端消费者、拓展市场等;在一个技术类的团体中至少还应该有研究开发型的人才,创业团队还要根据需要有财务、法律、审计等方面的专业人才。

4. 单一核心

在创业团队中的带头人作为核心人物,是团队成员在合作共赢的过程中发自内心认可的,具有远见、威望、魄力和决断力的人。创业团队不能出现两个核心人物,不能有两个人的主要能力完全一样。如果核心人物的优势和职位出现重复，必然少不了各种矛盾，可能最终导致整个创业团队涣散。

5. 彼此信任

信任是解决分歧、达成一致的唯一途径。大学生创业团队不仅要志同道合，更要彼此信任。最初创业时要把最基本的责、权、利说得明白透彻，尤其是股权、利益分配，包括增资、扩股、融资、撤资、人事安排及解散等，这样在企业发展壮大以后，才不会出现因利益、股权等的分配分歧产生矛盾，导致创业团队的分解。

二、创业团队的优劣势分析

（一）创业团队的优势

"一个好汉三个帮。"几个人齐心协力，集合各自优势，所产生的能量会远远超过个体单独产生的能量。同样的道理，一个由研发、技术、市场、财务、融资等各方面组成的可以进行优势互补的创业团队，是创业成功的法宝。团队创业会带来各方面的优势，至少包括以下几点：

1. 促进优势互补

不管一个人如何优秀，他都不可能具备所有的经营管理经验，同时任何人都不可能在知识、资源、能力、技术等方面具有同样的比较优势，特别是对于那些首次创业的人，他们往往缺乏对市场的判断力，缺乏对潜在市场的洞察力。创业团队的建立将会十分有效地解决这些问题。在一个团队中，不同的人掌握不同的社会资源，他们具备不同的知识、能力和经验，有的有客户关系、有的有政府关系、有的有理论、有的有经验、有的懂技术、有的擅长内务、有的擅长外交……这种优势互补的创业模式将会极大地强化团队成员间的彼此协调。一般来说，一个团队的角色结构和能力结构越合理，这个团队的知识面就越宽广，创业成功的可能性也就越大。

2. 减少决策风险

一个新创企业在起步阶段总会遇到各种困难，如果创业者在遇到麻烦时完全亲自解决，不仅会花费大量的精力和时间，而且常常会由于解决问题能力所限增加决策风险。而当创业人员是一群人而非个体时，成败就变成了集体的事情，只要创业团队成员能够同甘共苦，发挥每个成员的特长，就必定能提高解决问题的效率，增加成功解决问题的可能性。

3. 缓解融资问题

中小企业融资问题一直困扰着很多新创企业，究其原因，无非是由于银行贷款难度大，同时民间借贷利率偏高，这让许多中小企业难以负担。在外部融资极其困难的情况下，内部融资成了解决中小企业融资，特别是新创企业融资问题的办法。在经济不景气的大环境下，内部融资的作用尤其显著。

（二）创业团队的劣势

团队创业虽然有诸多好处，但在现实生活中，组建了自己的创业团队并不一定就能成功，其中的原因可能是经济萧条、竞争恶化、产品定位不合理等，但不可否认的是，团队创业并不一定是一种完美的创业模式，其至少有以下几点劣势：

1. 思想冲突

新创企业团队一般都由少数几个人组成，大多数成员都直接参与管理决策。而且因为都是企业的创始人，不论是否有经验，他们在企业中都担任要职，都发表"重要意见"，关于一个问题难免会出现不同的见解，提出不同的方法。在出资人出资比例相当的情况下，此种情况尤其严重，甚至会引发激烈争论，问题却迟迟得不到解决，一旦出了问题，就可能互相指责，互相推诿。

2. 管理冲突

既是员工又是出资人的双重身份，往往使合伙人成为创业团队最难管理的人群。许多创业团队成员由于不能在企业中摆正自己的位置，常常认识不到自己也是企业的员工，也应该遵守企业的规章这一事实。在现实中，很多创业团队成员会自觉或不自觉地抬高自己的地位，越位发号施令，这会导致企业管理成本的增加。

3. 利益冲突

企业利润会随企业的壮大而增加，当企业规模壮大后，当初出资谨慎的企业合伙人常常由于原先出资过少而后悔，心态逐渐开始不平衡，工作量不少可分红时却少于别人，容易产生"老板为老板打工"的心态；还有那些没有出资或出资较少的创业团队成员，他们掌握了企业的核心技术或无形资产，当这些知识投入没有被恰当地量化成货币时，会出现不平衡的心理。诸如此类的局面不能被合理化解，常常会瞬间激化合伙人之间的矛盾。

三、组建创业团队的策略及其后续影响

（一）组建创业团队的策略

任何创业团队想要获得成功，都必须在成员的选择上深思熟虑。吸引合适的成员能够带动企业更好地生产运作。不合适的成员会对新创企业未来的发展造成潜在危险。但不管是何种创业团队，下面几个问题都是在选择团队成员时应当给予重视的。

1. 能否在不同层面上给予互补

优势互补是企业成功的关键因素。角色的完善、技能的多样化，都会给企业带来无限生机，成员们在角色、技能、权力上的结构越合理，创业成功的机会就越大。纯粹由技术人员组成的企业会形成技术为主、产品导向的情况，从而使产品的开发与市场脱节；全部由市场和销售人员组成的团队了解市场的定位，却缺乏对产品开发的能力。好的创业团队，会充分考虑团队成员的搭配，在技术、财务、市场、管理等各方面做到完善。好的创业团队，成员们的能力通常能形成互补。

2. 团队成员的个性、兴趣与企业价值观是否一致

创业团队成员的个人性格、兴趣和品德决定了今后企业文化的形成。任何人才，不管其智商多高，专业水平多么好，如果对创业没有信心，将无法适应企业的需求。企业文化是企业的核心竞争力之一，因此，在寻找合伙人时首先应考虑对方的个性与个人价值观等因素是否与自己心目中的理想企业形象相匹配，只有在匹配的情况下，团队整体协作才更有效、更有战斗力。

3. 团队成员加入的目的

马斯洛需求理论告诉我们，人的需求大体上分为五个基本层次，分别是生理的需求、安全的需求、社交的需求、尊重的需求和自我实现的需求。团队成员的行为方式很大程度上是由他们的需求层次决定的。缺乏基本生活需要的人很可能为了赚钱养家而变得急功近利，对企业的短期利益可能会有好处。而需求层次较高的人，则相对较为稳健，利于企业的长远发展。因此，在选择合伙人的时候应该与企业的战略目标相符。

除了对人员的合适性进行分析外，组建创业团队时还应该考虑到团队的规模大小，任何团队的规模都有一定的限制，收益边际递减的原理告诉我们，并不是成员越多，公司效率就越高。一般一个创业团队的成员应以控制在3～5人的范围为宜，以便保证各项工作的效率与质量，帮助新创企业能在较短的时间内占据有利的市场地位。

（二）组建创业团队对创业活动的影响

一个优秀的创业团队，必定要有合理的角色结构、技能结构、权力结构，同时必定要有明晰的目标、良好的沟通、合适的领导者，成员间有一致的承诺，且相互信赖。因此，优秀创业团队能对创业活动产生深远的影响，其影响一般包括以下四个方面：

1. 能够对创业团队的行为产生约束性影响

每一个优秀创业团队都有核心价值观，团队内的成员会自觉或不自觉地受其核心价值观感染，久而久之，核心价值观会使成员们形成一套带有该企业特色的行为及行事规范，成员们都会按照这样的规范办事，这些规范成了他们之间无形的约束条件。

2. 创业团队对团队目标及期望值保持高度一致

合理的内部机构和人员设置，明晰的角色、技能、权力分工，高效的机制，恰当的领导指导都是优秀创业团队的必备条件。这些条件的存在，使创业团队成员彼此之间常常能够相互理解，紧密配合，步调一致。优秀团队即使成员之间想法各异、利益有别、个性万千，但是在经过一次次磨合和总结后，常常能够回到原来的轨道，朝着企业的最终目标进发。

3. 创业团队能互助共进、信息共享

在沃尔玛公司里面流传着一句话："如果你必须将沃尔玛体制浓缩成一个词语，那可能就是沟通。"由此可见，沟通是否顺畅是评价一个新创企业能否取得成功的关键因素之一。优秀的企业，也必定懂得去建立信任的氛围，使交流成为团队、公司的常见事项，因为团队成员之间的互助共进、信息共享会提高企业的协调效率。

4. 创业团队具有很强的凝聚力

所谓团队凝聚力，是指领导向下凝聚团队的力量，和团队成员主动向上凝聚的力量。凝聚力的大小取决于创业团队成员之间的相互吸引力，以及成员对创业团队的向心力，两者之间相互映衬。成功的创业团队有一致的目标、组织形态，团队成员有各自的合适职位。他们关系和谐，相互之间自然会形成较大的吸引力。

四、创业团队的管理技巧和策略

创业团队的管理不同于工作团队的管理。对于大多数企业内的工作团队来说，如研发团队、销售团队和项目团队等，因为人员和岗位稳定性相对较高，人们习惯性地将重点放在过

程管理上,注重通过建设沟通机制、决策机制、互动机制和激励机制等发挥集体智慧,实现优势互补,提升绩效。但对创业团队管理而言,正好相反,其重点在于结构管理,而不是过程管理。

第一,创业团队管理是缺乏组织规范条件下的团队管理。在创业初期,创业团队还没有建立起规范的决策流程、分工体系和组织规范,"人治"味道相当浓厚,处理决策分歧尤为困难。此时,团队成员之间的认同和信任十分重要,但又很难在短期建立起来。因此,认同和信任关系取决于创业团队的初始结构。

第二,创业团队管理是缺乏短期激励手段的团队管理。成熟企业内的工作团队可以凭借雄厚的资源基础、借助月度工作考核等手段,在短期实现成员投入与回报的动态平衡。相比之下,创业初期需要团队在时间、精力和资金等资源的高强度投入,但短期无法实现期待的激励和回报,不仅是因为没有资源,更主要的是对创业团队的回报以创业成功为前提。成功不可一蹴而就的时候,就需要找到能适应的合伙人。

第三,创业团队管理是以协同学习为核心的团队管理。成熟企业内工作团队的学习以组织知识和记忆为依托,成员之间共享着相似的知识基础。但是创业过程充满不确定性,需要不断试错和验证,并在此基础上创造并存储、组织知识和记忆。创业团队的协同学习,建立在团队成员之间在创业之前形成的共同知识和观念基础上,这仍旧取决于创业团队的初始结构。

核心创业者对于团队成员的选择,决定了创业团队管理的基础架构,这是实现有效的创业团队管理的重要前提。

通常来讲,创业团队可以从三方面入手来实施结构管理,分别是知识结构、情感结构和动机结构。知识结构反映的是创业团队成功创业的能力素质;情感结构是创业团队维持凝聚力的重要保障;动机结构则是创业团队实现理念和价值观认同的关键因素。

(一)知识结构管理

知识结构管理的核心,是建立以创业任务为核心的知识和技能互补性,强调创业团队有完备的能力来完成创业相关任务。

谈到知识和技能的互补,《西游记》中由唐僧率领的取经团队被公认为是一支"黄金组合"的创业团队。四个人的性格各不相同,却又同时有着不可替代的优势。比如,唐僧慈悲为怀,使命感很好,有组织设计能力,注重行为规范和工作标准,所以他担任团队的主管,是团队的核心;孙悟空武功高强,是取经路上的先行者,能迅速理解、完成任务,是团队业务骨干和铁腕人物;猪八戒看似实力不强,又好吃懒做,但是他善于活跃工作气氛,使取经之旅不至于太郁闷;沙僧勤恳、踏实,平时默默无闻,关键时刻他能稳如泰山,稳定局面。

(二)情感结构管理

情感结构管理的重点是注重年龄、学历等不可控因素的适度差异。中国文化注重层级和面子关系,如果创业团队之间年龄和学历因素差距过大,成员之间在混沌状态下发生冲突和争辩,很容易出现彼此感觉丢面子的情况,从而演变为情感性冲突。一旦出现这种情况,创业团队将不得不把时间和精力浪费于沟通方式设计和内部矛盾化解,内耗大于建设,不利于创业成功。俞敏洪在创立新东方时，五个创始人均来自北大，相似的年龄和学历背景也成了俞敏洪敢于大胆任用他们的前提条件，这是新东方成功的关键因素之一。

（三）动机结构管理

动机结构管理的关键在于注重创业团队成员理念和价值观的相似性。如果创业团队成员之间价值观不同，想做事业的成员可能不会过分关注短期收益，而怀揣赚钱动机的成员则不会认同忽视短期收益的做法。相似的理念和价值观有助于创业团队保持愿景和方向的一致，有助于创业团队克服创业挑战而逐步成功。

值得一提的是，创业团队的结构管理是兼顾三方面结构要素的平衡过程，短板效应非常明显。但是现实中，人们往往过分重视知识结构的互补性，而对情感结构管理和动机结构管理重视程度不够，因此引发的问题往往会随时间而强化，一旦创业出现困难和障碍，往往会演变为创业团队的内耗和冲突。

五、创业团队领袖的角色与行为策略

（一）创业团队领袖的角色

创业团队领袖是创业团队的灵魂，是团队力量的协调者和整合者。在一个创业团队里面，常常存在着两类创业领袖：一类是正式创业团队领袖，一类是非正式创业团队领袖。正式创业团队领袖是指由团队公认，有正式职位的人员，是公司运转的骨架，能起到承上启下、纲举目张作用，如总经理、副总经理、经理、主管、主任等。非正式创业团队领袖是指没有行政职务，但对工作氛围、员工积极性的调动有着举足轻重作用的领袖。在一个团队里面，有特殊技艺的人、善于沟通的人容易成为团队里的非正式领袖。本书所提到的创业团队领袖专指正式创业团队领袖。

（二）创业团队领袖的行为策略

1. 项目策划

创业团队领袖是项目策划的召集人和组织者。项目策划包括策略思考与计划编制等。项目策划需要注意几方面的问题：一是要弄清策划项目的价值所在、所涉及的范围和有关的限制因素，创建企业市场服务的定位；二是确定由谁作为该项目的策划小组负责人；三是考虑当选定创业目标，在资金、人脉、市场等各方面条件都已准备妥当或已积累了相当实力后，要带领团队准备完整的创业经营计划。创业经营计划除了能让创业者自己坚定创业目标，梳理创业内容以外，还可以说服他人合资、入股，甚至可以募得创业资金。

2. 组织实施

创业团队领袖在制订行动计划以后，要组织团队成员去实施。计划的执行程度和创业团队领袖的组织实施能力呈正相关关系。创业团队领袖组织团队实施计划的过程中，必须注意几个问题：一是团队行动必须随着企业的创业环境的变化而变化，必须与创业企业的发展目标相适应。二是设计组织改革的方案时要集思广益。团队人员需要共同参与思考设计组织改革的基本框架和操作流程。三是要创造一个有利于激活企业组织的良好氛围。创业团队领袖要充分发挥自己的组织领导能力，确立改革创新的理念，使组织能够沿着健康的方向运行。

3. 提高领导力

创业团队领袖是一个指挥员，要精明果断，根据具体情况设计出最佳的组织结构形式。善于量才用人，扬长避短，最大限度地发挥团队成员的能力。也要善于抓住决策时机，及时下达正确的指令，使团队成员步调一致。

4. 加强控制

控制是指根据既定的目标不断跟踪和修正所采取的行为，以实现预想的目标或业绩。控制的主要目的是使正确的行动得到长期保持，错误的行动得到及时改正。通过评估监控创业团队的绩效，将实际的表现与预先设定的目标进行比较，纠正显著的偏差，使创业回到正确的轨道。由此须采取考核和激励两个措施，对执行计划的团队和个人实施考核，对员工实行激励，以提高他们的工作兴趣和工作效率。

六、创业团队的社会责任

创业团队在创造利润和对团队成员及股东承担法律责任的同时，还要承担为政府创造税收、为员工创造工资、为消费者创造产品和服务、为社会公众创造福利和保护自然环境等责任。创业团队的社会责任要求创业团队必须超越把利润作为唯一目标的传统理念，强调在创业过程中对人的价值的关注，强调对消费者、环境和社会的贡献。

创业团队应该承担的社会责任主要包括：

（一）向社会提供优质产品和服务的责任

由种种原因造成的诚信缺失正在破坏着社会主义市场经济的正常运行，由于企业的不诚信，假冒商品随处可见。很多企业因商品造假的干扰和打假难度过大而难以为继，岌岌可危。为了维护市场秩序，保障人民群众的利益，创业团队必须承担起确保产品货真价实的社会责任。

（二）科学发展的责任

企业的任务是发展和盈利，并担负着增加税收和促进国家发展的使命。企业必须承担起发展的责任，搞好经济发展，要以发展为中心，以发展为前提，不断扩大企业规模，扩大纳税份额，完成纳税任务，为国家发展做出贡献。但是这个发展观必须是科学的，任何企业都不能只顾眼前，不顾长远，也不能只顾局部，不顾全局，更不能只顾自身，而不顾友邻。所以无论哪个创业团队，都要高度重视在"五个统筹"的科学发展观指导下发展。

（三）节约资源、保护环境的责任

中国是一个人均资源特别紧缺的国家，企业的发展一定要与节约资源相适应。企业不能顾此失彼，不顾全局。作为创业团队，一定要站在全局立场上，坚持可持续发展，高度节约资源。并要下决心改变经济增长方式，发展循环经济、调整产业结构。尤其要响应党中央号召，实施"走出去"战略，用好两种资源和两个市场，以保证经济的运行安全。随着全球和经济发展，环境日益恶化，特别是大气、水、海洋的污染日益严重，野生动植物的生存面临危机，森林与矿产过度开采，给人类的生存和发展带来了很大威胁，环境问题成了经济发展的瓶颈。为了人类的生存和经济持续发展，创业团队一定要担负起保护环境维护自然和谐的重任。

（四）提高就业率和就业质量的责任

人力资源是社会的宝贵财富，也是企业发展的支撑力量。保障企业职工的生命和健康，确保职工的工作与收入待遇不仅关系到企业的持续健康发展，也关系到社会的发展与稳定。为了应对国际上对企业社会责任标准的要求，也为了使党中央关于"以人为本"和构建和谐社会的目标落到实处，创业团队必须承担起保护职工生命、健康和确保职工待遇的责任。作为创业团队要遵纪守法，爱护员工，做好劳动保护，不断提高工人工资水平和保证按时发放工资。创业团队要多与员工沟通，多为员工着想。

（五）履行社会公益事业的责任

虽然我国的经济取得了巨大发展，但是作为一个有13亿人口的大国还存在很多困难。特别是农村的困难就更为明显，更有一些穷人需要帮扶。这些固然需要政府去努力，但也需要企业为国分忧，参与社会的扶贫济困是为了社会的发展，也是为企业自身的发展。

思考与练习

一、名词解释

1. 创业者
2. 创业动机
3. 创业团队

二、简答题

1. 按创业内容可以将创业者分为哪几种类型？
2. 简述创业者的基本素质与必备能力。
3. 简述创业者选择创业动机的直接因素与间接因素。
4. 简述一支优秀的创业团队特征，如何才能组建一支高效率的创业团队？
5. 论述创业团队的组成要素，并分析创业团队的优势与劣势。

三、判断题

1. 传统经济主要是工业经济和商业经济。（   ）
2. 创业动力产生的内在动力是诱因，外在条件是需求。（   ）
3. 企业的任务是发展和盈利，并担负着增加税收和促进国家发展的使命。（   ）
4. 丰富的知识储备是成功创业的基础。（   ）
5. 创业团队领袖是创业团队的灵魂，是团队力量的协调者和整合者。（   ）

四、选择题

1. 大学生走上创业的道路，归纳起来主要有四种类型，下列不属于这四种类型的是（   ）。

  A. 生存的需要 B. 发展的需要 C. 积累的需要 D. 就业的需要

2. 在创业者产生创业动机的驱动因素中，间接因素不包含（   ）。

  A. 人口统计特征 B. 社会保障因素 C. 收入水平 D. 认知特征因素

3. 下列不属于按创业内容分类的创业者类型的是（　　）。
　　A. 生产型创业者　　　B. 市场型创业者　　　C. 技术型创业者　　　D. 科技型创业者
4. 以下不属于创业者的必备能力的是（　　）。
　　A. 决策能力　　　　　B. 营销能力　　　　　C. 展现能力　　　　　D. 创新能力
5. 创业团队可以从三方面入手来实施结构管理，分别是（　　）。
　　A. 人员结构、动机结构和思维结构　　　　B. 知识结构、情感结构和动机结构
　　C. 思维结构、情感结构和动机结构　　　　D. 知识结构、人员结构和情感结构

五、实训题

1. 根据本章节所学，当你是创业团队的领袖，面对自己的创业团队的三个劣势时，你应该怎么做？

2. 根据本章节所学，每一个创业团队都一定会有自身的社会责任，如果你是创业团队的领袖，你要如何承担提高就业率和就业质量的责任？

3. 根据本章节所学，当你是创业团队的领袖，在招募团队成员时，你会参考马斯洛需要层次理论吗？如果会，你会如何参考？

4. 根据本章节所学，你现在是一名大学生创业团队的领袖，你认为你属于大学生创业的哪种类型呢？原因是什么？你又打算如何做？

5. 根据本章节所学以及创业者的定义，你是如何定义创业者的？你的依据是什么？可以举一些实例吗？

6. 创业者所要具备的素质和能力是多方面的，除了本文中提到的 7 项素质和 6 项能力之外，你认为创业者还应该具备什么样的素质或能力？

7. 调查一下身边的创业团队，记录他们的组织架构和运作模式，找一找这些创业团队有什么样的共同点，又有什么样的不同点，分析一下优秀的创业团队在哪些方面做得比别的创业团队更好。

8. 结合本章所学的知识，描述一下你自己是什么类型的创业者，如果你要创业，你会在选择团队成员时对他们做出何种要求？如果你是创业团队的领袖，你又如何打造团队的凝聚力和执行力？

六、案例分析

1. 1976 年，21 岁的乔布斯与 26 岁的斯蒂夫·沃兹尼亚克在自家车房里成立了苹果公司。他们制造了世界上首台个人计算机（PC），并称为 Apple I。1983 年，苹果公司业务做大，乔布斯邀请百事公司的斯库利出任 CEO。1985 年，计算机业界普遍萧条，苹果公司高层指责乔布斯没有建树，随后乔布斯被赶出公司。1986 年乔布斯收购了 Lucasfilm 旗下的计算机动画效果工作室，并成立独立的公司 Pixar。十年后该公司成为众所周知的 3D 计算机动画公司，并在 1995 年推出全球首部 3D 立体动画电影《玩具总动员》。1996 年苹果陷入财政危机，乔布斯回归苹果。1997 年，乔布斯重掌苹果，并推出 iMac 电脑，在美国、日本热卖，帮助苹果公司渡过财政危机。随后相继推出一系列深受大众欢迎的产品。

分析乔布斯的人格特点，思考成为创业者的关键是什么。

2. 1995 年，马云等 18 人合伙创办"中国黄页"；1997 年，加盟中国外经贸部，负责开

发其官方站点及中国产品网上交易市场;1998年,回到杭州二次创业发布了首个网上贸易市场"阿里巴巴在线"。

思考:阿里巴巴的创业团队有什么特点?18人的创业团队是怎样组建在一起的?

3. 1971年孟加拉国脱离巴基斯坦独立之后,尤努斯回到孟加拉国参与祖国重建。当时他在大学教经济学,亲眼看见饥荒和人们的绝望。他发现很多村民迫于无奈借高利贷,于是想自己虽不能为国家做什么事情,但一定可以帮助身边的村民。

尤努斯自己当担保人,从银行贷款,再借给穷人,帮他们想办法创业偿还贷款。格莱珉银行做的是小额信贷。刚开始大家都认定尤努斯不会成功。为让大家相信每个人都是创业家,尤努斯在银行里设立了一项特别计划,该计划只针对乞丐。他对同事说:"我们借钱给乞丐吧。"这种贷款总额总在10~15美元。他们告诉这些乞丐,让他们挨家挨户乞讨的时候,随身携带些小商品,譬如点心、糖果、玩具等以此来换些收入。现在将近10万名乞丐加入了该计划。其中10%的乞丐不再以乞讨为生。他们现在是正常的小贩。格莱珉银行还贷款给女性客户,让她们购买手机,然后带着手机走村串巷,然后有人向她们借电话,她们就把电话借给这些人并收取一定费用。当尤努斯把这个想法告诉别人时,他们都嘲笑尤努斯,说他疯了。今天在孟加拉国共有30多万名"电话女郎"销售电话服务。他们创建的"格莱珉通讯公司"是全国最大的移动的纳税人。他们现在正努力把这些电话女郎转变成网络女郎,这样他们就可以同全世界取得联系。

思考:尤努斯认为人人可以成为创业者,你同意吗?成为创业者的条件是什么?

4. 本杰明·富兰克林(1706—1790)是美国开国三杰之一。他是一位科学家、政治家、商人和作家。作为美国殖民和革命战争时期的最著名的领导人,他的业绩和作品至今仍被作为美国精神的最佳代表而广受推崇。富兰克林是一位典型的创业者,他发明了许多产品和服务并且将其引入市场,从富兰克林火炉到双焦点眼镜到玻璃琴。他的一生发现并探寻了无数的机会,从而变成了一个非常富有和有威望的人。大量的证据表明他拥有了一个创业者所具备的所有特征,这一点已不足为奇。富兰克林的天才也扩展到了社会创业领域。他创立了第一个消防部门并且引进了消防安全的观念。他成立了哲学社会机构、医院和大学。他出于对社会的关注发明了许多设备,如街灯、软导管和避雷针。1731年,富兰克林在费城创办了第一家公共图书馆,他创办该图书馆完全是为了公众的利益。他后来在自传中写道,该图书馆是北美所有订阅图书馆之鼻祖,它本身就是一项很伟大的事情,并且它仍然在持续成长。这些图书馆改善了美国人的日常交流,使得美国普通的商人和农民像其他国家大多数绅士一样聪明,可能在某种程度上也促成了殖民地区的大众为保证自身权利而集体抗争的结果。

思考:结合材料分析创业者的特征是什么。本杰明·富兰克林是如何获得创业的驱动力的?

5. 1999年,有一个博士生和两个硕士生不满足于现状,决定一起设计属于他们自己的未来,创造属于他们自己的事业,于是他们共同辞掉了各自的工作,一起筹办起一家公司,公司的创业是艰难而又充满乐趣的。在这个阶段,大家是以一种共同创业的精神来合作的,每一个人都把公司当作自己的事业来对待。在公司成立后的半年左右,企业业绩开始呈现出快速增长的态势,但是就在这个时候,矛盾开始出现了,除了关于企业发展战略方向的问题外，利益分配问题开始影响彼此的合作，有人开始觉得自己的付出和回报并不对等，虽然和他们原来公司的收入相比，每个人的收入都有了很大幅度的提高。但是，正如其中一位所说，他们需要彼此的平等。一位副总认为自己在创业中的付出和贡献最大，但是没有得到应有的回报；而另一位则认为，自己的能力最强。总之，原来非常融洽的合作气氛开始逐渐丧失。在 2000 年 4 月份，其中一位终于脱离了公司，准备寻找新的合伙人创办属于他个人的事业。而另外一位在 2001 年初，被一家猎头公司看中，"跳槽"进入了一家外资企业。

思考：该公司人才纷纷流失的根源在何处？创业团队的建立和维持有哪些应注意的问题？

第三章

创业机会与创业风险

★引导案例

南京安讯科技有限责任公司董事长饶翔在南京邮电大学读研究生时,就已经开始帮助导师做一些项目。饶翔的专业是通信,就业前景很不错,他和他的同学几乎都不愁找工作。但是饶翔并没有因此懈怠下来,他一直在思考如何把技术转化为产品,给大家的生活提供便利。

2003年,饶翔正读博士二年级时,他开始实施自己的创业计划。为此,饶翔挖来了一些已经在中兴、华为这些大公司上班的同学,一起创办了南京安讯科技有限责任公司。

2005年时,联通推出了无线上网卡业务,在计算机上插上联通的一种卡,计算机就可以随时随地上网。但是,用户的无线上网卡有时会突然不能上网。

这时,饶翔就想,能不能在客户上网时,设计一个小软件,告诉他无线上网卡里的流量用了多少,还剩多少。饶翔觉得这是一个市场空白点,前景必定不错。想到就做,饶翔开始着力打造"无线上网卡用户维系关怀"业务。

为方便客户续费,他们还开通了网上银行续费业务,通过网络教程,教客户使用。"就是这么一个小小的业务,就使得联通在无线上网卡这项业务上,一年内获得了两千万元的续费额,客户群遍布11个省110万人。"饶翔说,两三年下来,这项业务为安讯挣了100多万元。

2007年,饶翔随江苏一个考察团到美国考察,当时第一代的iPhone在美国刚刚上市,裸机400美元一只。饶翔拿到一款手机后,就开始研究,那天晚上一直琢磨到凌晨3点,才终于解锁成功。把玩了之后,饶翔觉得iPhone真的很好用,一定会火。于是,接下来的时间内,公司的业务有一部分就转向了围绕iPhone的软件开发。凭借这项业务,公司2009年到2011年期间,营业额的增长每年均超过100%,公司也得到了飞速发展。

第一节 创业机会识别

★ 学习要点

1. 创意与机会的定义；
2. 识别创业机会的一般步骤；
3. 识别创业机会的行为方式。

一、创意与机会

（一）创意

对机会的识别来自创意的产生。创意是具有一定创造性的想法或概念。创业创意则是具有创业指向，同时具有创新性或原创性的想法或概念。

1. 创意的来源

创意经常来源于新的市场需求、技术创新、产品缺陷以及企业经营模式的变化等。

（1）新的市场需求。随着社会的发展，市场上会不断产生新的需求，如何满足这些需求，正是创意的最重要来源。当在商场或服务场所听到消费者的抱怨时，一个新的创意就可能已经在眼前。

（2）技术创新。新技术会激发创业者的思维，形成新的创意，构思出新的产品。一项新技术转化为新产品或服务，进入生产和消费领域，并满足社会需求才能实现其价值，这便是新技术的转化推广过程。技术创新基于新技术的出现，这类创意在形成产品，实现创业的过程中风险很大，但一旦成功将具有"里程碑"的意义，同时会激发出更多的创意。

（3）产品缺陷。对生产企业来说，产品存在缺陷是很不幸的事，但对于创业者来讲，却是绝好的机会，创业者可以通过对市场上已有的产品和服务进行追踪、分析和评价来发现现有产品的缺陷，从而有针对性地提出改进的方法，并以此开发出有巨大市场潜力的新产品。

（4）企业经营模式的变化。企业经营管理思想、方法或运作模式的改变也可以形成新的创意。麦当劳并没有发明任何新事物，它提供的产品是美国任何一家餐馆每天都可以提供的。但是麦当劳运用新的管理方法，使产品生产过程和服务标准化，既大大提高了产品质量，又开拓了新的市场。

2. 创意的分类

根据发生领域，可以把创意划分为科技创意、经济创意、政治创意、社会创意和文化创意。

根据所属专业，可以把创意划分为设计创意、营销创意、管理创意、技术创意、规划创意等。

根据完善程度，可以把创意划分为萌芽创意和成熟创意。成熟创意虽然比较理想，但也来源于萌芽创意。

根据发展状况，可以把创意划分为原始创意和派生创意。

根据参与程度，可以把创意划分为团队创意和个体创意。

根据产生条件，可以把创意划分为主动创意和偶然创意。

3. 具有价值潜力的创意的基本特征

（1）新颖性。新颖性可以是新的技术和新的解决方案，可以是差异化的解决办法，也可以是更好的措施。新颖性还意味着一定程度的领先性。不少创业者在选择创业机会时，关注国家政策优先支持的领域，就是在寻找领先性的项目。不具有新颖性的想法不仅将来不会吸引投资者和消费者，而且对创业者本人也不会有激励作用。新颖性还可以加大模仿的难度。

（2）真实性。有价值的创意不是空想，而是具有实用价值。创意首先要可实现，简单的判断标准是能够开发出可以把握机会的产品或服务。而且市场上存在对产品或服务的真实需求，或可以找到让潜在消费者接受的产品或服务的方法。

（3）价值性。价值特征是创意的根本，好的创意要能给消费者带来真正的价值，要经得起市场的考验。

创意是否具有商业价值存在不确定性。成功的创业者能够迅速地把那些潜力不大的创意抛掉，聚焦于少数应予以改进和研究的创意，这需要创业者对该领域有深入的了解，并能够准确判断创意的真正价值。比如，迪士尼从动画人物米老鼠形象的创意，开发出动画、玩具、娱乐、旅游、餐饮、影视等相关产业链的无数创业机会，仅米老鼠形象的授权使用，一年产品销售额就高达47亿美元。

（二）机会

创业是建立在机会基础之上的，机会发现是创业的基础和前提。

纽约大学教授柯兹纳（Kirzner）对机会的定义具代表性：机会就是未明确的市场需求或未得到充分利用的资源和能力。

1. 机会的来源

从产品市场角度来看，机会的来源主要有：新技术的发明所带来的新产品及新的信息；信息不对称导致的市场低效率；政治因素、规章制度的变动带来的相关资源使用上的成本收益的变动。

大多数的机会存在于产品市场之中，要素市场中的创业机会同样不能忽视，例如，某一新材料的发现等。

2. 机会的类型

按照机会的来源和发展程度，机会可以分为以下四种类型。

（1）市场需求未识别且资源和能力不确定（问题及其解决方法都未知），表现为艺术家、梦想家、设计师和发明家的创造性。他们感兴趣的是将知识的发展推向一个新方向和使技术突破现有限制。

（2）市场需求已识别但资源和能力不确定（问题已知，但其解决方法仍未知），描述了有条理地搜集信息并解决问题的情况。在这种情况下，机会开发的目标往往是设计一个具体的产品或服务以适应市场需求。

（3）市场需求未识别但资源和能力已确定（问题未知，但可获得解决方法），如人们常说的"技术转移"的挑战，又如寻找应用领域和闲置的生产能力。这里的机会开发更多强调的是寻找应用的领域而不是产品或服务的开发。

（4）市场需求已识别且资源和能力已确定（问题及其解决方法都已知）。机会的开发就是将市场需求与现有的资源匹配起来，形成可以创造并传递价值的新企业。

可以肯定的是：机会总是存在的，一种需求得到满足，另一种需求又会产生；一类机会消失了，另一类机会又会出现。但是大多数机会不会显而易见，需要发现和挖掘。因为显而易见的机会会被过度开发利用而过早丧失价值。

二、创业机会与商业机会

（一）创业机会

创业机会是具有商业价值的创意，是一种特殊的商业机会。

英国雷丁大学经济学教授 Casson 认为，创业机会是一种新的"目的、手段"关系，它能为经济活动引入新产品、新服务、新原材料和新组织方式，并能以高于成本价出售的市场情况。

所谓"目的"指的是创业者计划服务的市场或要满足的需求，表现为最终产品或服务；所谓"手段"指的是服务市场或满足需求的方式，表现为用于供给市场最终产品或服务的价值创造活动要素、流程和系统。

在一个完全自由的市场体系中，创业机会的出现往往是因为创业者准备进入的行业和市场上存在着缝隙，这是由商业环境的变化、市场体制不协调或不健全、技术的落后或领先、信息的不对称，以及市场中其他各种因素影响的结果。

从这个意义上讲，中国的创业机会远比发达国家多，因为发达国家的市场已经相对完善，市场几乎没有缝隙，而中国的市场还很不发达、很不完善，因而充满了各种机会。这也是近年来外国投资者纷纷到中国投资、大批海外留学人员回国创业的基本动因。

（二）商业机会

商业机会是创业行为的起点。商业机会也称市场机会，是指有吸引力、能实现某种商业盈利目的、适时的商务活动的空间。

一个人只有在发现商业机会后，才可能进一步考虑能否配置到必要的资源，以及这个商业机会能否最终实现盈利，如果能够，则这个商业机会对于这个人而言就成为创业机会，进而就可以决定是否开始进行创业。

创业过程始于商业机会，而不是资金、战略、网络、团队或商业计划。开始创业时，商业机会比资金、团队的才干和能力及适合的资源更重要。商业创意来自创业机会的丰富和逻辑化，并最终演变为商业模式，好的商业模式对社会资源具有极大整合力。

商业机会往往是由消费者未能满足的消费需求引发，这种未能满足的需求导致了可以给顾客提供更多有价值的产品和服务的机会。可是，一个好的想法未必是一个好的商业机会。例如，你可能通过一项新技术发明了一个非常有创意的产品，但是市场可能并不需要它；或者，一个想法听起来不错，但是在市场上没有竞争力，或不具备必要的资源；或者说，尽管有时市场有需求，但是需求的数量不足以收回成本，那也不值得考虑。事实上，过去有超过 80% 的新产品开发是失败的，很多发明家的想法听起来很好，但是经受不住市场的考验。将一个好的想法或创意转化成一个商业机会，主要标准是有市场需求，且能够获得利润。

三、创业机会的特征和类型

创业机会是具有商业价值的创意，表现为特定的组合关系。创业机会来自一定的市场需求和变化。

（一）创业机会的特征

1. 创业机会的一般特征

（1）潜在的盈利性。盈利性是创业机会存在的基础。创业者追逐创业机会的根本目的是基于创业机会组建企业，进而获得财富。如果创业机会不具有盈利性，机会也就不是创业机会了。同时，创业机会的盈利性是潜在的。对于这种潜在盈利性的理解尤其需要创业者拥有一定的知识和技能，同时也需要相关领域的实际经验。因此，这也为创业机会的评价和识别造成一定的难度。很多创业机会看起来似乎具备较强的盈利可能，但是经过仔细推敲之后却发现是虚假的信号。因此，在创业机会的识别和评价方面，需要创业者投入更多精力。

（2）创业机会需要具体的商业行为来实现。现实中，富有价值的创业机会具有很强的时效性，如果没有及时地把握住，一旦时过境迁，由于条件所限，原有市场不复存在，或者已经有其他创业者抢先一步占据市场先机，原先具有巨大价值的创业机会也会沦为无价值的市场信息。将创业机会商业化，还取决于许多客观条件，特别是创业者所面临的创业环境和所能够拥有的资源状况。因此，在创业机会的识别和开发上，创业者应当做好准备。

（3）创业机会的潜在价值能够不断开发和提升。创业机会的潜在价值依赖于创业者的开发活动，也就是说创业机会并非是被发现，而是被"创造"出来的。创业机会的最初形态很可能仅仅是一些散乱的信息组合，只有在创业者以及创业过程的各类利益相关者积极地参与到机会识别中来，不断磨合各自的想法，创业机会的基本盈利模式才能够逐步形成，并且最终成为正式的企业。因此，创业机会的潜在价值具有很强的不确定性，它会随着创业者的具体经营措施和战略规划而发生变动。如果创业者的战略方案能很好地匹配创业机会的特征，创业机会的价值就能够得到很大的提升，创业活动也能够获得较好的效果。如果相关战略规划与创业机会特征不匹配，甚至产生严重的失误，那么即使创业机会潜在价值很大，也无法得到有效机会，甚至导致创业失败。

2. 创业机会的核心特征

创业机会的核心特征表现为具有商业价值的创意。从某种意义上说，创业机会是创意的一个"子集"。创业机会可以满足创意的诸多特征：来源广泛；具有较强的创新性；未来的发展带有很大的不确定性。但是，创业机会拥有大多数创意所不具备的一个重要特征：能满足顾客的某些需求，因而具有商业价值。这一特征使有价值的创业机会得以从众多创意中脱颖而出，成为创业者关注的焦点。有商业价值的创意有两个特性：有用性及可行性。换句话说，漫无目的或是异想天开、天马行空的创意点子对创业是没有什么帮助的。

因此，从众多创意中寻找值得关注的机会，是创业者选择创业生涯、实施创业战略的第一步。而创业机会具有吸引力强、持久、适时的特性，它根植于可以为顾客或用户创造或增加价值的产品或服务中。

(二) 创业机会的类型

1. 从表现上划分

创业机会在其表现上，可以分为显性机会、隐性机会和突发机会。

（1）显性机会。显性机会是指在目前的市场上，存在明显的没有被满足的现实需求，这是表面的市场机会。显性机会很容易被看到，但这种机会如果很快就消失，它也可能是一种陷阱。判断这种机会，要看其是不是一直存在，其是不是可以商业化或者怎么通过商业化使之持续，为什么这种显性机会会一直存在，这些问题的回答和解决取决于机会的持续性和实现这一机会的资源、成本、独特能力以及环境等各项条件。如果基本条件具备的话，那这就是天赐良机。

（2）隐性机会。现有的产品种类未能满足的或尚未完全为人们意识到的隐而未见的需求，就是隐性机会。隐性机会也是潜在的市场机会，要发现和识别潜在的机会比识别显性机会需要更多的判断力和行业经验。另外，潜在的机会是通过征兆识别出来的，要能在变化的因素中发现代表未来趋势的征兆。具有开创新时代的创业者往往具有对未来趋势准确把握的能力，在新事物出现征兆时就能够迅速地识别。

（3）突发机会。有时会有一种突发的变化造成一种不平衡，由此而带来一个新的机会，其被叫作突发机会。德鲁克把它叫作意外的机会。它是指一种由外部的突发性变化而带来的机会，但这种机会往往即逝。如何把握这种机会，并使得这种机会成为可持续性的机会，是一个重要问题。

2. 从来源上划分

通过对众多企业创业的案例分析发现，创业机会重点关注的地方一般有以下几个方面。

（1）顾客。顾客是最应关注的。在这方面，几乎所有风行市场的产品的掌舵者都充分了解顾客，从史玉柱到杰克·韦尔奇都曾经在产品进入市场之前就与顾客有大量的接触。这就使得他们的产品能很好地满足顾客的潜在需求。他们在与顾客的接触中了解顾客对于现有商品的看法，从中得到真实的信息。与顾客接触大都是采用个人的非正式的方式，也可采用较为正式的顾客座谈等形式，使顾客可以在不同场合表达他们的意见和看法。如果能从不同顾客中看到大体一致或具有相同倾向的意见，而产品可以解决这些问题，说明该产品的市场机会足够大。

（2）企业。业内企业对于其产品更为了解，对业内企业的跟踪可以让创业者事半功倍。但由于对企业跟踪的成本比较高，所以对于行业较为熟悉的，或有专业能力的创业者，可以对市场上对手的产品、服务进行跟踪、分析和评价，由此发现市场上产品的优劣，然后有针对性地改进产品或开发新产品。这样就有可能发现较大的市场机会或开创新的市场机会。

（3）渠道。分销商是最了解顾客的，因为他们整天与顾客打交道。他们知道顾客和市场的需求，所以他们对产品的看法可能比单个的顾客更为清晰和准确。所以在这方面，不仅要与顾客交流，还要与分销商交流，倾听他们的建议。

（4）政府机构。与政府机构的交流常常被创业者忽视，其实这也是发现创业机会的重要来源。首先，与政府机构的接触可以及时了解政府政策，而政府政策不仅包括政府管制，同样也包括政府支持，这两方面都包含巨大的商业机会。其次，了解政府的工作重点，解决政府因成本过高而不愿意做的事情，也会得到政府的大力支持。再次，政府相关部门有很多其他信息，对于创业者整体把握市场也很重要。

3. 机会之窗

德鲁克根据产业的发展，提出机会之窗理论。它是指产业的发展有一个生命周期，在产业刚刚产生时，人们并不了解该产业，所以其在市场上规模很小或者几乎没有顾客群，而到了大家开始认识其价值时，该产业会出现爆发式的增长，这时产品和行业都进入了高速成长期。对于创业者来说，早期的进入期是最难的，这个时期最大的问题是如何生存下去，并且一方面要完善产品，另一方面要宣传产品，这时的机会非常小。而到了成长期，机会突然增大，德鲁克形容道，"机会像打开了一扇窗户一样"，他把这个现象取名为"机会之窗"。而到了成长期结束前，会有更多的企业涌入，这时产业成长的空间越来越小，大淘汰开始了，机会之窗自然就关闭了。

四、创业机会的来源

创业机会是怎么来的，关于这一问题，业界有着众多的观点。美国凯斯西储大学的谢恩教授提出：创业机会主要来源于四种变革，分别是技术变革、政策和制度变革、社会和人口变革以及产业结构变革。

（一）技术变革

技术变革带来的创业机会，主要源自新的科技突破和社会的科技进步。通常，技术上的任何变化，或多种技术的组合，都可能给创业者带来某种商业机会，具体表现在三个方面。

1. 新技术替代旧技术

当在某一领域出现了新的科技突破，并且它们足以替代某些旧技术时，通常会出现旧技术被淘汰，而新技术未完全占领市场的情况，这时会暂时出现市场空白。

2. 实现新功能

创造新产品的新技术的出现无疑会给创业者带来新的商机，例如，互联网的发明伴随着一系列与网络相关的创业机会。

3. 新技术带来的新问题

多数技术的出现对人类都有利弊两面，即在给人类带来新利益的同时，也会给人类带来新的问题。这就会迫使人们为了消除新技术的弊端，再去开发新的技术并使其商业化，例如，汽车的消声器和楼房的避雷针，这就会带来新的创业机会。技术变革使人们可以做新的事情，或者以更有效率的方式做从前的事情。例如，因特网技术的出现，改变了人们沟通的方式，沟通更快捷、更有效率。不是所有的新技术都对新企业有利。研究发现，小规模、个性化生产的弹性（柔性）制造技术和"数字技术"更适合新企业的建立。

（二）政策和制度变革

随着经济发展、科技变革等，政府必然会不断调整自己的政策，而政治和制度的某些变革，就可能给创业者带来新的商业机会。政策的变革能够带来创业机会，是因为它使创业者能够提出更多不同的想法，而这些创业者可能在一个常规体制下面是被禁止进入的。政策的变革也清除了很多不利于生成新企业的官僚政治障碍，这些障碍的清除，使得创业者的创业成本大大降低，原来无利可图的创业项目变得有利可图。

政策的变革也可能通过强制增加需求的方式创造出新的商机，如汽车安全带。政府政策的改变可以为新企业带来机会，例如，对某些行业进入限制条件的放宽（如民用航空、资源开采等）、政府采购政策的导向（如向科技型新小企业、创造大量就业的企业采购其产品）有可能为新企业带来机会。

（三）社会和人口变革

社会和人口因素的变革会产生创业机会。人的需求是变化的，不同时期的社会和人口因素的变革会产生不同的需求。

随着现代社会发展的加快，这种变化中的需求更加明显。大量女性人口加入就业领域，创造了家政服务业和快餐食品业的市场机会；人口寿命延长导致的老龄化问题，创造了老龄用品市场。

社会和人口是紧密联系在一起的，有时候社会文化的变革也是创业机会产生的引擎。例如，随着中国国家实力的增强，中国文化产业的相关市场也得到了蓬勃发展，越来越多的外国人学习中医、太极拳和中国传统文化，中餐、中国结和唐装等中国文化产品在国外的市场也越来越大。社会和人口因素的变革改变了人们对产品和服务的需求，需求的变化带来了产生新事物的机会。

（四）产业结构变革

因其他企业或者为主体顾客提供产品或服务的企业的消亡，或者企业重组等原因而引起的变革，进而改变行业中的竞争状态。产业结构变革影响创业机会。

当期市场供给缺陷也能产生新的商业机会。非均衡经济学认为，市场是不可能实现真正的完全供求平衡的，总有一些供给不能实现其价值，因此，创业者如果能发现这些供给结构性缺陷，同样可以找到可以用来创业的商业机会。

五、影响机会识别的关键因素

机会识别是指创业者识别机会的过程。持客观观点的学者认为，机会是客观存在于外部环境之中的，需要创业者去发现。另一些则认为机会识别事实上是主观的、是创造过程而非发现过程，甚至机会识别本身就是创造性的。

随着探索的不断深入，研究者们逐渐意识到以上两种观点并不矛盾，而是互相补充的。研究提出创业者在信息加工过程中，会同时使用算法和探索两种方式，因而创业机会既可以被发现，同时也可以被创造。甚至有研究认为，机会识别中主客观因素的作用是同等重要的。

创业机会识别作为一种主动行为，带有浓厚的主观色彩，创业者的个体因素起到了重要作用。此外，一些研究者逐渐认识到机会识别是个体与环境的互动过程，外部因素尤其是环境中的客观机会因素本身的影响同样不容忽视。

（一）个体因素

1. 创业警觉性

创业警觉性指一种持续关注、注意未被发觉的机会的能力。创业警觉性是三个维度的整合体，分别为：敏锐预见，指敏感于机会的涌现，对商业前景做出前瞻性的预测；探求挖掘，指善于分析和挖掘商业情报和信息，从中分析出潜在的机会，以及隐含的利润；重构框架,指善于打破既定的范式,赋予既有资源以新的价值和用途。

2. 先验知识

人们更容易注意到与自己已有知识相联系的刺激,对于创业者而言,丰富且广泛的生活阅历是识别潜在商机的主要决定因素,它们帮助创业者识别了新信息的潜在价值。每个个体都有自己独特的先前经验与先验知识,这就构成了其有别于他人的知识走廊,这种特异性就解释了为何有些人更容易发现一些特定的机会,而其他人则不能。

先验知识包括特殊兴趣和产业知识两个维度。前者指对某一领域及其相关知识的强烈兴趣。后者是由创业者在多年工作中积累而来的知识和经验。也有研究提出对创业机会识别起关键作用的先验知识有四种,即特殊兴趣的知识和产业知识的结合、关于市场的知识、关于服务市场的方式的知识和有关顾客问题的知识。还有研究表明先验知识不仅被用来搜索机会,更重要的是,它还与认知过程中结构关系的匹配有系统的联系。

3. 创造力

创造性或创新能力最早与乐观、自我效能等因素一同被归为成功创业者的性格特质中的一种。虽然近年来,有关性格特质对创业过程的研究越来越少,但与一般人格特质不同,创造性的重要作用却日益显现。

发散性思维和聚合性思维共同构成了创造力。研究发现,信息多样化与发散性思维存在交互作用,只有在信息多样化的条件下,发散性思维才对企业经营理念的形成产生显著的影响。甚至有研究认为,机会识别本身就是创造性活动,而非仅仅被创造力这一特质所影响。

4. 社会关系网络

个人社会关系网络的深度和广度影响着机会识别。建立了大量社会与专家联系网络的人,比那些拥有少量网络的人容易得到更多的机会和创意。一项对65家初创企业的调查中发现,半数以上创建者报告说,他们通过社会联系得到了他们的商业创意。一项类似的研究,考察了独立创业者(独自识别出商业创意的创业者)和网络型创业者(通过社会联系识别创意的创业者)之间的差别。研究人员发现,网络型创业者比单独创业者识别出多得多的机会,但他们不大可能将自己描述为创业警觉或有创造性的人。

(二) 机会因素

不论是过去还是现在,在创业机会识别过程中,研究者重点关注的都是创业者的差异,即影响机会识别的个体因素。对这一情形,有研究提出,在机会识别领域,个体中心的研究成果已颇为丰硕,今后应将更多的注意放在机会本身。进而,他们强调了机会的差异在创业机会识别中的作用,认为相对隐性的机会比较容易通过先前经验识别,而相对显性和规范的机会则比较容易通过系统搜索识别。张爱丽也提出应该从个体因素与机会因素结合的视角去考察创业机会识别过程。研究表明,创业者更偏好于有价值的并且与自己以往知识有关的机会,因为这种机会符合创业者的愿望并具有一定的可行性。

(三) 各因素的交互作用

尽管创业机会识别的影响因素在不断地丰富和完善,但单一影响因素的作用已不足以解释整个过程,因此对各影响因素交互作用的探讨成为必然趋势。有研究发现,警觉性和以往知识的交互作用,以及警觉性和创新型认知风格的交互作用是决定机会营利性识别的主要因素，以往知识和创新型认知风格的交互作用是决定机会可行性识别的主要因素。只有在信息多样化的条件下，发散性思维才对企业经营理念的形成产生显著的影响。此外，工作经验丰富的创业者能从高密度网络中受益，识别到更具有创新性的机会。

六、识别创业机会的一般步骤

创业过程开始于创业者对创业机会的把握。创业者从成千上万繁杂的创意中选择了他心目中的创业机会，随之持续开发这一机会，使之成为真正的企业，直至最终取得成功。在这一过程中，机会的潜在预期价值以及创业者的自身能力得到反复的权衡，创业者对创业机会的战略定位也越来越明确，这一过程可以称为机会的识别和开发过程。

创业机会的识别分为五大步骤。

第一步，判断新产品或服务将如何为购买者创造价值及使用新产品或服务的潜在障碍。根据对产品或服务使用的潜在障碍以及市场认可度的分析，得出新产品的潜在需求、早期使用者的行为特征以及产品创造收益的预期时间。

第二步，分析产品在目标市场投放的技术风险、财务风险并进行机会之窗分析。

第三步，明确在产品的制造过程中是否能保证足够的生产批量和可以接受的产品质量。

第四步，估算新产品项目的初始投资额，明确使用何种融资渠道。

第五步，在更大范围内考虑风险程度以及如何控制和管理这些风险因素。

这一过程可概括成三个阶段。

第一阶段，搜寻机会。这一阶段创业者对整个经济系统中可能的创意展开搜索，如果创业者意识到某一创意是潜在的商业机会，具有潜在的发展价值，就将进入机会识别阶段。

第二阶段，识别机会。相对整体意义上的机会识别过程，这里的机会识别应当是狭义上的识别，即从创意中筛选合适的机会。这一过程包括两个步骤：第一步是通过对整体的市场环境和一般的行业分析，来判断该机会是否在广泛意义上属于有利的商业机会，所以该阶段也称为机会的标准化识别阶段。第二步对于特定的创业者和投资者来说，是考察这一机会是否有价值，也就是个性化的机会识别阶段。

第三阶段，评价机会。实际上这里的机会评价已经带有部分"尽职调查"的含义，比较正式，考察的内容主要是各项财务指标、创业团队的构成等。通过机会的评价，创业者决定是否正式组建企业、吸引投资。

事实上，在一些研究中，机会识别和机会评价是同时进行的，创业者在对创业机会识别时，也在有意无意地进行评价活动。创业者在机会开发中的每一步，都需要进行评估，也就是说，机会评价伴随着整个机会识别的过程。在机会识别的初始阶段，创业者可以非正式地调查市场的需求、所需的资源，直到判定这个机会值得考虑或是进一步深入开发；在机会开发的后期，这种评价变得较为规范，并且主要集中于考察这些资源的特定组合是否能够创造出足够的商业价值。

七、识别创业机会的行为方式

既然创业要从机会中产生，那么机会在哪儿？哪些情况又代表着机会？可以说机会无时不在，无处不在。但如果想知道掌握机会的简便方法，不妨关注以下几个方面。

(一) 从"低科技"中搜寻机会

随着科技的发展，开发高科技领域是时下热门的课题。但是，创业机会并不只存在于高科技领域。在运输、金融、保健、饮食、流通这些所谓"低科技"领域中也有机会，关键在于发现。

(二) 在大企业无暇顾及的缝隙中寻找机会

目前，市场上许多价格昂贵或需求量大、通用性强、购买频率高的商品为大企业所垄断。大企业依赖大批量生产方法，充分发挥生产和营销上的规模效应来获得收益，这是创业企业望尘莫及的。然而，大批量生产方式必然会引起分工协作的发展。在现代生产体系中，大企业要想真正获得规模效应，谋求利润最大化，就必然会摆脱样样都由自己生产的传统体制，把相当一部分零部件或加工过程、装配过程转移出去，求助于社会分工与协作，而把自己有限的资源集中到附加值最高的环节。创业企业可以利用这种机会来发展自己。市场上总有一些对大企业而言既小又很特别的市场，这些市场不仅容量小，而且发展潜力不大，但这些市场又符合市场细分有效性标准。一般而言，大企业对此无暇顾及或根本不愿顾及。因此创业企业可以以此为机会，主动介入，以满足这一层次的需要。

(三) 在变化中抓住机会

环境的变化，会给各行各业带来良机，人们通过这些变化，就会发现新的前景。这些变化包括产业结构的变化，科技进步，通信革新，政府放松管制，经济信息化、服务化，价值观与生活形态变化以及人口结构变化等。在国有企业改制与公共部门产业开放、市场自由竞争的趋势中，创业者可以在交通、电信、能源产业中发掘更多的创业机会。人口的变化，像单亲家庭快速增加、妇女就业的风潮、老龄化社会、教育程度的变化、青少年国际观的扩展等，必然提供许多新的市场机会。

(四) 追求"负面"就会找到机会

所谓追求"负面"，就是着眼于那些大家"苦恼的事"和"困扰的事"。因为是苦恼、是困扰，人们总是追切希望解决，如果能提供解决的办法，实际上就是找到了机会。例如，双职工家庭，没有时间照顾小孩，于是有了家庭托儿所；没有时间买菜，于是产生了送菜公司。这些都是从"负面"寻找机会的例子。

(五) 整合资源创造机会

创业者除了要学会寻找机会，还要懂得创造机会。每个人在成长的过程中都会学习一些知识，从事过一种或几种职业，有一些工作或生活中的朋友。此外，也许创业者还具备一些专业技能或特长，有特定行业的从业经验以及过去的工作网络或销售渠道。所有这些不论是创业者自身具有的，还是存在于外界的，都是创业者的个人资源。从自己拥有的资源入手，通过分析与整合，也会产生出创业的机会。曾经做过中学教师，后来创办了"好孩子集团公司"的宋郑还在创业之初，就是通过一位学生家长得到了第一批童车订单。之后不久，宋郑还在准备将自己设计的好孩子童车投入生产时，遇到资金短缺问题，依然是通过一位在银行做主任的学生家长解决了问题。资源的整合为宋郑今日的成就提供了重要的支持，如果没有这些外部资源也许就不会有今天的"好孩子"。

第二节 创业机会评价

> ★学习要点
>
> 1. 有价值创业机会的基本特征；
> 2. 创业机会评价的特殊性；
> 3. 创业机会评价的方法。

一、有价值创业机会的基本特征

较好的创业机会一般具有以下几方面的特征。

（一）价值性

一个好的创业机会，必然具有特定市场利益，专注于满足顾客需求，同时能为顾客带来价值增值。客户应该能够从产品或服务的购买中得到利益，或可降低成本，或可获得较明显的、可衡量和确定的价值。创业企业能带给顾客的价值越高，创业成功的机会也会越高。

（二）可行性

将机会变为现实是创业的关键一步，有价值的创业机会一定是现实可行、具有可操作性的创业机会。

创业机会的可行性是指创业机会在技术、管理、财务资源以及市场竞争等方面有现实基础，能为创业者带来经济效益和社会效益，并预期有好的发展前景。假如，创业者打算创办一个以产品生产为主的新企业，其技术可行包括：推出的产品适销对路，能够满足市场需要；工艺技术过关，具备满足生产需要的设备、技术人员和操作工人；各种原料、材料、燃料、动力可获得；不存在环境保护及其他社会问题等。经济可行包括生产的产品预计年销售量大、成本费用在可以承受的合理范围内、资金利润率有吸引力和投资回收期短等。

（三）时效性

创业机会具有很强的时效性，如果时间迟滞，创业"机会之窗"就会关闭。

机会之窗理论指出，创业者有可能把握住的创业机会，其机会窗口应该是敞开的而非关闭的，并且能保持足够长的敞开时间，以便于加以利用。假如，在机会窗口接近关闭的时候选择创业，留给创业者的余地将十分有限，其成功的可能性和盈利性都将受到影响。因此，有价值的创业机会必须在创业"机会之窗"存在期间实施。

（四）创业者能够获得利用机会所需的关键资源

创业资源是支持商机转变为发展潜力的一切东西。拥有一定的创业资源，是创业活动的基本前提。创业资源是创业的基础，它影响创业的类型和路径的选择，同时影响企业以后的成长。

二、个人与创业机会的匹配

对每个人而言，有些机会能看见，但却不能被自己把握。有的创业机会，即便价值潜力很大，但如果自己没有相应的条件和因素，盲目行动可能会给自己带来无法挽回的损失。那么，如何才能判断创业机会是否符合自己？这至少需要从个人经验、社会网络和经济状况三个方面来评价。

（一）个人经验

创业者要考虑以前的工作和生活经验能不能支撑后续开发创业机会所必需的知识和技能。这时，经验的广度和深度扮演着重要的角色，个人的工作经验越广，既从事过营销工作，也从事过财务工作，既在快消品行业工作过，也有外贸行业的工作经验，既做过一家公司的部门经理，也当过另一家公司的业务员，那么这些宽广的经验就可能对把握创业机会非常有帮助。

（二）社会网络

有研究已经证实，社会关系网络在创业活动中起到至关重要的作用。社会关系网络越广，个体越容易发现创业机会，也更容易把握创业机会，实施创业活动，因为在创业过程中，社会网络不仅为创业者提供了信息、知识和资源，而且为创业者提供了必需的情感和心理支持，创业绝非易事，这些情感和心理支持是支撑创业者走向成功的关键因素。此时，需要对社会网络做出自我评价，有没有朋友愿意资助或借贷资金，可能性有多大；有没有朋友能带来生意，可能性有多大；有没有朋友能提供情感和心理支持；等等。

（三）经济状况

在创业之初，大部分成功创业者并没有充足的自有资金用于创业，但有着报酬丰厚的工作机会。也就是说，创业者需要考虑创业机会的价值潜力能否在长期内弥补因放弃工作而承担的损失。我们开展的大规模问卷调查发现，创业前的收入水平越高，个体越不倾向于放弃当前工作机会去创业。相应的，一旦个体做出了创业选择，创业活动的价值和利润创造潜力也较那些创业前机会成本较低的创业者更高。

当然，创业本身是一件具有高度风险的活动，没有一个创业机会是完美的，也没有任何创业者是在完全适合自己的条件下开展创业活动。因此，在评价创业机会之后是否决定创业，仍然是一件比较主观的决策。

创业活动是创业者与创业机会的结合，其核心观点是，一方面创业者识别并开发创业机会，另一方面创业机会也在选择创业者，只有创业者和创业机会之间存在着恰当的匹配关系时，创业活动才可能发生，也更可能获得成功。

三、创业机会评价的特殊性

（一）超前性与预见性

创业机会评价发生在一切经营活动开始之前，它与一般的战略机会评价相比更具有超前性和预见性。从创业项目启动到新创企业经营进入正轨，需要经历一个漫长而又复杂的过程。因此，创业者在分析创业机会的时候必须更加谨慎，留有一定的余地。

（二）综合性和系统性

创业机会不是独立存在的，创业机会评价不应该仅局限于对创业机会本身的评价，更需要从系统的角度或思维来思考评价问题,综合考虑市场、行业、经济、环境、政治、社会等各方面要素,选取评价指标。其中比较重要的评价指标包括财务、顾客、内部因素和创新成长四个方面。从系统角度看,这四个指标既包括内部因素,也包括外部因素;既包括财务因素,也包括非财务因素;既包括当前因素,也包括将来因素。

(三)持续性和动态性

创业机会评价是一个持续的过程,是一个从商业概念的产生、筛选、完善,到商业模式(或商业计划)的形成的过程。创业机会评价是一个动态的过程,贯穿于商业概念到商业模式(或商业计划)的每一个步骤。创业机会评价的动态性也是一个对商业概念不断完善的过程,创业机会评价的动态性也反映了创业环境和创业团队的动态性,这种动态性是社会需求与经济变化的必然结果。

四、创业机会评价的技巧和策略

(一)创业机会的评价准则

创业机会的评价一般有以下几条衡量标准,包括产业和市场、资本和获利能力、竞争优势、管理班子等方面。这些可以作为创业者从第三人角度看自己,进行自我剖析的重要参考。

1. 产业和市场

(1)市场定位。一个好的创业机会,或者是一个具有较大潜力的企业必然具有特定的市场定位。专注于满足特定顾客的需求,同时也能为顾客带来增值的效果。因此,评估创业机会的时候,可从以下几个方面着手:第一,市场定位是否明确,有没有做到:别人不做的,我做;别人没有的,我有;别人做不到的,我做得到。第二,顾客需求分析是否清晰,是否从顾客需求或需求变化趋势着手,发现市场产品问题、缺陷,寻找市场进入机会。第三,顾客接触通道是否流畅,是否有效地建立了与顾客沟通的途径和方法,能及时寻找和发现有价值的市场营销机会。第四,产品是否持续延伸,也就是说,产品能否从深度和广度上不断拓展,产品是否能有效地进行各类组合等。从以上几个方面可以判断,创业机会可能创造的市场价值,创业带给顾客的价值越高,创业成功的机会也会越大。对用户来说,回报时间如果超过3年,而且又是低附加值和低增值的产品或服务是缺乏吸引力的。一个企业如果无力在单一产品之外扩展业务,也会导致机会的低潜力。

(2)市场结构。针对创业机会的市场结构可以进行几项分析,包括:第一,进入障碍。潜在竞争者进入细分市场,就会给行业增加新的生产能力,并且从中争取一定的重要资源和市场份额,形成新的竞争力量,降低市场吸引力。如果潜在竞争者进入行业的障碍较大,比如,规模经济的要求,或者购买者的转换成本太高,或者政府政策的限制等,潜在竞争者进入市场就比较困难。第二,供应商。如果企业的供应商能够提价或者降低产品和服务的质量,或减少供应数量,那么该企业所在的细分市场就没有吸引力。因此,与供应商建立良好关系和开拓多种供货渠道才是防御上策。第三,用户。如果某个细分市场中,用户的讨价还价能力很强或正在加强,他们便会设法压低价格,对产品或服务提出更多要求,并且使竞争者互相斗争,导致销售商的利润受到损失,所以要提供用户无法拒绝的优质产品和服务。第四,替代性竞争产品的威胁。如果替代品数最多,质最好,或者用户的转换成本低,用户对价格的敏感性强,那么替代性产品生产者对本行业的压力就大,行业吸引力就会降低。第五,市场内部竞争的激烈程度。如果某个细分市场已经有了众多强大的竞争者,行业增长缓慢,或该市场处于稳定或衰退期,撤出市场的壁垒过高,转换成本高,产品差异性不大,竞争者投资很大,则创业企业要参与竞争就必须付出高昂的代价。

(3) 市场规模。市场规模大小与成长速度,也是影响新企业成败的重要因素。一般而言,市场规模大者,进入障碍相对较低,市场竞争激烈程度也会略为下降。如果要进入的是一个成熟的市场,那么纵然市场规模很大,由于已经不再成长,利润空间必然很小,因此新企业就不值得再投入。反之,一个正在成长中的市场,通常也会是一个充满商机的市场,只要进入时机正确,必然会有获利的空间。一般来说,一个总销售额超过1亿美元的市场是有吸引力的。在这样一个市场上,占有大约5%的份额,甚至更少的份额,就可以取得很大的销售额,并且不会对竞争对手构成威胁,这样可以避免高度竞争下的低毛利风险。

(4) 市场渗透力。市场渗透力也就是增长率,对于一个具有巨大市场潜力的创业机会,市场渗透力(市场机会实现的过程)评估将会是一项非常重要的影响因素。聪明的创业者知道选择在最佳时机进入市场,也就是市场需求正要大幅增长之际,做好准备等着接单。一个年增长率达到30%至50%的市场为新的市场进入者创造新的位置。

(5) 市场占有率。在创业机会中预期可取得的市场占有率,可以显示新创公司未来的市场竞争力。一般而言,成为市场的领导者,最少需要拥有20%以上的市场占有率。如果低于5%的市场占有率,则这个新创企业的市场竞争力不高,自然也会影响未来企业上市的价值,尤其处在具有赢家通吃特点的高科技产业,新企业必须拥有成为市场前几名的能力,才比较具有投资价值。

(6) 产品成本结构。对于风险投资者来说,如果创业计划显示市场中只有少量产品出售,而产品单位成本都很高时,那么销售成本较低的公司就可能面临有吸引力的市场机会。产品的成本结构,也可以反映新创企业的前景是否亮丽。例如,从物料与人工成本所占比重的高低、变动成本与固定成本的比重,以及经济规模产量大小,可以判断新创企业创造附加价值的幅度以及未来可能的获利空间。

2. 资本和获利能力

(1) 毛利。单位产品的毛利是指单位销售价格减去所有直接的、可变的单位成本。对于创业机会来说,高额和持久的获取毛利的潜力是十分重要的。毛利率高的创业机会,相对风险较低,也比较容易取得损益平衡。反之,毛利率低的创业机会,风险则较高,遇到决策失误或市场产生较大变化的时候,企业很容易就遭受损失。一般而言,理想的毛利率是40%。当毛利率低于20%的时候,这个创业机会就不值得考虑。例如,软件业的毛利率通常都很高,所以只要能找到足够的业务量,从事软件创业在财务上遭受严重损失的风险相对会比较低。

(2) 税后利润。高而持久的毛利通常会转化为持久的税后利润。一般而言,具有吸引力的创业机会,至少需要能够创造15%以上的税后利润。如果创业预期的税后利润是在5%以下,那么这就不是一个好的投资机会。

(3) 损益平衡所需的时间。损益平衡所需的时间也就是取得盈亏相抵和正现金流量的时间，合理的损益平衡时间应该能在两年以内达到。但如果三年还达不到，这恐怕就不是一个值得投入的创业机会。不过有的创业机会确实需要较长时间的耕耘，通过这些前期投入，创造进入障碍，保证后期的持续获利。例如，保险行业，前期仅注册资金就需要数亿元，而一般投资回报周期为7到8年，这样的行业一般来说不适合第一次创业者。在这种情况下，可以将前期投入视为一种投资，才能容忍较长的损益平衡时间。

（4）投资回报率。考虑到创业可能面临的各项风险，合理的投资回报率应该在25%以上。一般而言，15%以下的投资回报率，是不值得考虑的创业机会。

（5）资本需求量。资本需求量较低的创业机会，投资者一般会比较欢迎。事实上，许多个案显示，资本额过高，其实并不利于创业成功，有时还会带来稀释投资回报率的负面效果。通常，知识越密集的创业机会，对资金的需求量越低，投资回报反而会越高。因此在创业开始的时候，不要募集太多资金，最好通过盈余积累的方式来创造资金。而比较低的资本额，将有利于提高每股盈余，并且还可以进一步提高未来上市的价格。

（6）策略性价值。能否创造新创企业在市场上的策略性价值，也是一项重要的评价指标。一般而言，策略性价值与产业网络规模、利益机制、竞争程度密切相关，而创业机会对于产业价值链所能创造的价值效果，也与它所采取的经营策略与经营模式密切相关。

3. 竞争优势

（1）可变成本和固定成本。成本优势是竞争优势的主要来源之一。成本可分为固定成本和可变成本。从另一个角度，又可分为生产成本、营销成本和销售成本等。较低的成本给企业带来较大的竞争优势，从而使得相应的投资机会较有吸引力。一个新企业如果不能取得和维持一个低成本生产者的地位，它的预期寿命就会大大缩短。

（2）控制程度。如果能够对价格、成本和销售渠道等实施较强的或强有力的控制，这样的机会就比较有吸引力。这种控制的可能性与市场势力有关，例如，一个对其产品的原材料来源或者销售渠道拥有独占性控制的企业，即使在其他领域较为薄弱，它也仍能够取得较大的市场优势。占有市场份额40%、50%，甚至60%的一个主要竞争者通常对供应商、客户和价格的制定都拥有足够的控制力，从而能够对一个新企业形成重大的障碍。在这样一个市场上创办的一家企业将几乎没有自由。

（3）进入障碍。如果不能把其他竞争者阻挡在市场之外，新创企业的优势就可能迅速消失。这样的例子可以在硬盘驱动器制造业中发现。在20世纪80年代早期到中期的美国，该行业未能建立起进入市场的障碍，到了1983年年底，就有约90家硬盘驱动器公司成立，激烈的价格竞争导致该行业出现剧烈震荡。因此，如果一家企业不能阻止其他公司进入市场，或者它面临着现有的进入市场的障碍，这样的创业机会就没有吸引力。

4. 管理班子

企业管理队伍的强大对于机会的吸引力是非常重要的。这支队伍一般应该具有互补性的专业技能，并具有在同样的技术、市场和服务领域赚钱和赔钱的经验。如果没有一个称职的管理班子或者根本就没管理班子，这种机会就没有吸引力。

（二）常见创业机会评价方法

1. 标准打分矩阵法

约翰·G·巴奇（John G. Burch）的标准打分矩阵是通过选择对创业机会成功有重要影

响的因素，再由专家小组对每一个因素进行最好（3分）、好（2分）、一般（1分）三个等级的打分，最后求出每个因素在各个创业机会下的加权平均分，从而可以对不同的创业机会进行比较。表3-1 是其中 10 项主要的评价因素，在实际使用时可以根据具体情况增加或选择部分因素进行评价。

表 3-1　10 项主要评价因素打分矩阵

标准	专家评分			
	最好（3分）	好（2分）	一般（1分）	加权平均
易损伤性				
质量和易维护性				
市场接受度				
增加资本的能力				
投资回报				
市场的大小				
制造的简单性				
专利权状况				
广告潜力				
成长的潜力				

2. 西屋电气法

该方法是由美国西屋电气公司制定的，通过计算和比较各个机会的优先级，对一系列可供选择的投资机会进行评价，为最后的决策提供依据。其公式如下：

机会优先级别 = [技术成功概率 × 商业成功概率 × 平均年销售数（价格 - 成本）× 投资生命周期] ÷ 总成本

在该公式中，技术和商业成功的概率以百分比表示（从 0 到 100%），平均年销售数以销售的产品数量计算，成本以单位产品生产成本计算，投资生命周期是指可以预期的年均销售数额保持不变的年限，总成本是指预期的所有投入，包括研究、设计、生产和营销费用。对于不同的创业机会将具体数值代入计算，特定机会的优先级越高，该机会越有可能成功。

3. 哈南法

哈南法是由哈南提出的。这种方法认为，通过让创业者填写针对不同因素的"预先设定权值"的选项式问卷，可以快捷地得到创业机会成功潜力的各个指标。对于每个因素来说，不同选项的得分可以从 -2 分到 +2 分，通过对所有因素的得分加总，从而得到最后的总分。总分越高，说明特定创业机会成功的潜力越大，如表 3-2 所示。

表 3-2　哈南法选项问卷

1. 对于税前投资回报率的贡献	
+2	大于 35%
+1	25% ~ 35%
-1	20% ~ 25%

续表

-2	小于20%
2. 预期的年销售额	
+2	大于2.5亿美元
+1	1亿~2.5亿美元
-1	5 000万~1亿美元
-2	小于5 000万美元
3. 生命周期中预期的成长阶段	
+2	大于三年
+1	两到三年
-1	一到两年
-2	少于一年
4. 从创业到销售额高速增长的预期时间	
+2	少于六个月
+1	六个月到一年
-1	一年到两年
-2	大于两年
5. 投资回收期	
+2	少于六个月
+1	六个月到一年
-1	一年到两年
-2	大于两年
6. 占有领先者地位的潜力	
+2	具有技术或市场领先者的能力
+1	具有短期内的或和竞争者同等的领先者能力
-1	最有最初领先者能力，但容易被取代
-2	不具有领先者能力
7. 商业周期的影响	
+2	不受商业周期或反周期的影响
+1	能够在相当程度上抵抗商业周期的影响
-1	受到商业周期的一般影响
-2	受到商业周期的巨大影响
8. 为产品制定高价的潜力	
+2	顾客获得较高的利益能弥补较高的价格
+1	顾客获得较高利益可能不足以弥补较高价格
-1	顾客获得相等的利益能弥补相等的价格
-2	顾客获得相等的利益只能弥补最低的价格

续表

9. 进入市场的容易程度	
+2	分散的竞争使得进入很容易
+1	适度竞争的进入条件
-1	激烈竞争的进入条件
-2	牢固的竞争使得很难进入
10. 市场试验的时间范围	
+2	需要进行一般的试验
+1	需要进行平均程度上的试验
-1	需要进行很多的试验
-2	需要进行大量的试验
11. 销售人员的要求	
+2	需要进行一般的训练或不需要训练
+1	需要进行平均程度的训练
-1	需要进行很多的训练
-2	需要进行大量的训练

哈南通过对创业机会评价的经验分析，发现只有那些最后得分高于15分的创业机会才值得创业者进行下一步的策划，低于15分的都应被淘汰，创业者不必利用那些应被淘汰的机会。

4. 贝蒂的选择因素法

这种方法的核心是通过对11个因素的评价来对创业机会进行判断。如果创业机会只符合其中的6个或更少的因素，这个创业机会就很可能不是适宜的创业机会。相反，如果这个创业机会符合其中的7个或7个以上的因素，则这个创业机会就是大有希望的创业机会，如表3-3所示。

表3-3 贝蒂11因素评价表

这个创业机会在现阶段是否只有你一个人发现了？
初始产品生产成本是否可以接受？
初始市场开发成本是否可以接受？
产品是否具有高利润回报的潜力？
是否可以预期产品投放市场和达到盈亏平衡点的时间？
潜在的市场是否巨大？
你的产品是否为一个高速成长的产品家族中的第一个产品？
你是否拥有一些现成的初始客户？
你是否可以预期产品的开发成本和开发周期？
是否处于一个成长中的行业？
金融界是否能理解你的产品和顾客对它的要求？

第三节 创业风险识别

> ★学习要点
> 1. 创业风险的含义和分类;
> 2. 规避和防范创业风险的方法;
> 3. 非系统性风险防范的手段。

一、创业风险概述

(一)创业风险的含义

创业风险是指创业投资行为给创业者带来某种经济损失的可能性。风险是一种概率,在未演化成威胁之前,并不对创业活动造成直接的负面影响,所以说,风险是一种对未来的影响趋势。风险与收益一般是成正比例关系,即风险越大,获利可能性越高。任何一家运营中的企业每天都会面临着一定的风险,新创企业自然也不例外。

(二)创业风险的构成

构成创业风险的主要要素包括风险因素、风险事件和风险损失三个方面。

1. 风险因素

风险因素是指能够引起或增加风险事件发生的机会或影响损失的严重程度的因素,是风险事件发生的潜在条件,一般又称为风险条件。创业风险因素从形态上可以分为人的因素和物的因素两个方面。物的因素属于有形的情况或状态,如技术的不确定性,经济条件恶化等;人的因素指道德、心理的情况或状态,如道德风险和心理风险因素等。

2. 风险事件

风险事件是风险因素综合作用的结果,是产生风险损失的原因,也是风险损失产生的媒介物。创业风险事件是指创业风险的可能性变成现实,以致引起损失后果的事件。如技术的不确定性确实引起了产品研发的失败,经济条件的恶化最终导致了销售的下降等。

3. 风险损失

风险损失是指非故意的、非预期的、非计划的利益减少,这种减少可以用货币来衡量。风险损失包括直接损失和间接损失。创业风险损失是指由于风险事件的出现,给创业者或创业企业带来的能够用货币计量的经济损失,如由于产品研发失败无法及时将产品投放市场而损失的经济利益,销售下降导致的收入减少等。

风险因素引起风险事件,风险事件导致风险损失,三者之间密切相关,共同构成了风险存在与否的基本条件。

(三)创业风险的分类

1. 按风险产生的原因划分

按风险产生的原因划分,可分为主观创业风险和客观创业风险两类。

(1) 主观创业风险：在创业阶段，由于创业者的身体与心理素质等主观方面的因素导致创业失败的可能性。

(2) 客观创业风险：在创业阶段，由于客观因素导致创业失败的可能性，如市场的变动、政策的变化、竞争对手的出现、创业资金缺乏等。

2. 按创业风险的内容划分

按创业风险的内容划分，可分为以下六类。

(1) **技术风险**：由于技术方面的因素及其变化的不确定性，而导致创业失败的可能性。

(2) **市场风险**：由于市场情况的不确定性导致创业者或创业企业损失的可能性。

(3) **政治风险**：由于战争、国际关系变化或有关国家政权更迭、政策改变，而导致创业者或企业蒙受损失的可能性。

(4) **管理风险**：因创业企业管理不善产生的风险。

(5) **生产风险**：创业企业提供的产品或服务从小批试制到大批生产的风险。

(6) **经济风险**：由于宏观经济环境发生大幅度波动或调整，而使创业者或创业投资者蒙受损失的风险。

3. 按创业过程划分

创业活动须经历一定的过程，一般而言，可将创业过程分为四个阶段：识别与评估机会；准备与撰写创业计划；确定并获取创业资源；新创企业管理。相应的，创业风险也可分为四类。

(1) 机会的识别与评估风险。在机会的识别与评估过程中，由于各种主客观因素，如信息获取量不足，把握不准确或推理偏误等使创业一开始就面临方向错误的风险。另外，机会风险的存在，即由于创业而放弃了原有的职业所面临的机会成本风险，也是该阶段存在的风险之一。

(2) 准备与撰写创业计划风险。创业计划往往是创业投资者决定是否投资的依据，因此创业计划是否合适将对具体的创业产生影响。创业计划制订过程中各种不确定性因素与制定者自身能力的局限，也会给创业活动带来风险。

(3) 确定并获取资源风险。由于存在资源缺口，无法获得所需的关键资源，或即使可获得，但获得的成本较高，从而会给创业活动带来一定风险。

(4) 新创企业管理风险。其主要包括管理方式，企业文化的选取与创建，发展战略的制定、组织、技术、营销等各方面的管理中存在的风险。

二、系统风险防范的可能途径

创业的系统风险是指由创业外部环境的不确定性引发的风险，此类风险是创业者和企业无法控制或无力排除的风险，因而又可称为客观风险。例如，商品市场风险、资本市场风险、政治风险、法律风险、社会风险、宏观经济风险等。对于这类风险，创业者只能在创业过程中设法规避。

（一）商品市场风险

商品市场风险的防范一般应从以下三个方面进行。

1. 推出的产品能否被消费者接受

在现实市场中，人们对传统技术产品司空见惯，故对传统技术产品的市场需求是较为稳定的。而高新技术产品对消费者来说是新鲜的，它的市场多是潜在的、待开发的、待成长的。在这种情况下，创业者就很难预先判定市场是否会接受自己推出的某一高新技术产品，包括接收能力和接收速度。

2. 创业产品与服务的前瞻性

创业企业生产的产品一般都是创新产品，由于产品技术本身的前瞻性，创业者需要得到相对准确的市场预期，包括对市场的接受度、产品导入市场的时间，以及市场的需求量。

3. 确定创业产品未来的市场竞争力

由于新产品的竞争力是创业的竞争力与优势、营销策略等有机结合的结果，创业营销中往往要求售时、售中、售后技术服务，而创业者这方面的能力和网络一般较为缺乏。另外，创业产品上市之初，产品成本多数会被前期的研发成本抬高，在较高售价下才不致亏损，因此，降低产品成本也是防范市场风险的有力措施。

（二）资本市场风险

资本市场风险表现为资本市场体系脆弱，虚拟资本过度增长与相关交易持续膨胀，电子化、网络化运用不当带来的交易系统问题以及某些市场主体的违规操作或经营失误导致整个市场秩序混乱四个方面。

1. 资本市场体系脆弱

过去的经验证明，一个体系不够健全的资本市场，在遇到外来诱发因素时，极易发生系统性风险，同时恢复起来也会较慢。例如，当资本市场规模过小，又对国际资本开放时，很容易受到外来资本的左右；当资本市场缺少层次时，往往会造成交易过度集中和投机过度；当资本市场缺少风险管理和对冲工具时，投资者的风险承受能力明显偏低，市场的稳定性差。此外，在资本市场开放的过程中，我国必将面临一个金融创新的高潮。当金融衍生产品过度发展时，也会加大监管的难度，因为金融衍生产品的复杂程度完全有可能超出投资者的理解能力。而监管的缺陷，会助长风险的蔓延和加深危机的程度。因此，必须加强对资本市场的监管力度。

2. 虚拟资本过度增长与相关交易持续膨胀

与实体经济不同，虚拟资本出现市场不均衡时，供求双方并不会依照通常的市场规律来调整行为（即价格上升——需求者减少需求、生产者增加供给最终达到市场均衡；价格下降——需求者增加需求、生产者减少供给，同样达到新的市场均衡）。由于虚拟资本市场的价格更多地受到预期的影响，只要价格继续上涨的预期存在，市场需求就不会因价格的升高而减少，相反却会大量增加，因为投资者只想通过买卖牟取利润，对资产本身的使用和产生盈利的能力并无兴趣。随着虚拟资本日益脱离实物资本和实业部门的增长，社会经济出现虚假繁荣，最后泡沫必定破灭，出现价格暴跌，导致对经济社会的巨大破坏。因此，需要对虚拟经济的发展予以规范和管理。

3. 电子化、网络化运用不当带来的交易系统问题

随着计算机技术、通信技术和网络技术等新技术在金融业的大量运用，资本市场交易系统的电子化程度不断提高。在传统交易方式下，一个交易员一天只能买卖几十次股票，而网

上证券交易一天可达几百上千次。但是新技术在提高了交易效率的同时，也带来了新的风险：一是操作风险。在货币电子化的今天，一个按键按错了就可能造成重大损失。二是计算机金融犯罪风险。一些犯罪分子利用黑客软件、病毒、木马程序等技术手段，攻击证券管理机构、证券公司和股票上市公司的系统及个人主机，改变数据，盗取投资者资金，操纵股票价格。如果对这类犯罪行为防范不力，就会对金融交易网络产生极大的危害。三是电子系统自身的运行和管理风险。众所周知，越是精密的仪器越是脆弱，对电子技术的依赖程度越深，系统出问题后的破坏力也就越大。如果电子化的基础设施没有跟上，运行管理制度不完善、不可靠，那么来自交易系统的潜在风险就会加大。这都需要加强对电子、网络教育系统的监管。

4. 某些市场主体的违规操作或经营失误导致整个市场秩序混乱

市场主体的操作问题一般属于非系统风险，通常不会危及整个资本市场的运行，但是如果资本市场不够成熟，或者在市场交易制度、监管制度、市场主体的公司治理等方面存在缺陷，这类风险也可能引发对整个市场的破坏性影响，成为发生系统风险的基础性因素。

（三）政治、法律、社会风险

这是由于国家政治的稳定性、社会政策的连贯性等产生的风险。对高新技术企业而言，国家对其在国民经济发展中发挥作用的认识，进而所采取的政策，对其创业的风险度有一定的影响。对于这种类型的风险，高新技术企业在创业过程中，应该积极关注和预测国家的政策走向，如果预测到某一政策将对企业的发展不利，企业可以早做准备，改变企业的运营方式，适应政策的变化。

法律、法规的制定和修改，都会对创业企业产生影响。政府会采取某些事后的行政措施或法律手段来限制某些已经开发成功的高新技术产品的生产、销售或使用。例如，近年来国内外一些新创企业开发转基因产品，曾被有关国家政府部门明令禁止销售。这样，企业的所有创业投入就转化为沉没成本，创业者根本得不到任何商业利益。

目前，我国对于高新技术企业的立法还存在很多的政策、法规空白，这势必造成法律上的风险。这类风险企业难以控制，只有尽可能地加以规避。

（四）宏观经济风险

这是国家宏观经济状况、产业政策、利率变动以及汇率的稳定性等因素所带来的风险。任何企业的发展都必须依托所在国家和地区的经济环境。利率、价格水平、通货膨胀等因素的变化以及金融、资本市场的层次、规模、健全程度等都会给企业带来很大的不确定性，使创业企业暴露在风险之中。当这类风险将要或者已经出现时，企业应该能够快速响应，采取措施使企业适应这一变化。

三、非系统风险防范的可能途径

创业的非系统风险是指非外部因素引发的风险，即指与创业者、创业投资和创业企业有关的不确定性因素引发的风险。非系统风险可以通过创业各方的主观努力得到控制或消除，因而又叫主观风险，如技术风险、生产风险、财务风险等。对于这类风险，创业者需要千方百计地加强控制。多数情况下，在创业活动启动之前，上述风险还是潜在的，只有在创业活动启动，甚至进入正常程序后，某些风险因素才会爆发。因此，在创业筹划阶段，创业者就需要对未来可能遇到的风险因素有一个理性的认识。

（一）技术风险

技术风险的大小在创业的不同阶段是有差异的。随着时间的推移、信息的聚集，技术上的不确定性会越来越小，技术难度会越来越低，高新技术企业因技术风险，而使创业失败的可能性就会减小。

技术风险的防范通常从以下四个方面进行。

1. 技术成熟度

技术成熟度是首先应该考虑的问题。只有新颖、独创、先进的技术可以为企业带来独特的优势，技术成熟度的判断标准一般根据国内外同类技术达到的水平参数指标来确定。

2. 技术适用性

技术的适用性描述了技术适用的范围、推广和实施的难易程度。技术的适用性是与市场的大小有密切关系的，一项技术所面对的市场越大，这项技术的适用性就越强，反之则越弱。对技术的适用性的判断可以通过市场调查来实现。

3. 技术配套性

一项科研成果转化所需的配套技术不成熟就会带来技术风险，有些技术虽然非常先进，但由于工艺的特殊性限制，无法进行大批量生产，这样就会对风险投资的收回带来较大的风险。因此，在高新技术企业创业初期必须确认与该技术配套的工程技术和产品生产技术是否已经完善，是否达到标准。

4. 技术生命周期

高新技术产品往往生命周期较短，不但自身更新速度快，而且还有被其他类似技术替代的可能，如果不能有效地提高技术的更新速度并维持更新成本或防止技术老化的能力，并在技术生命周期内迅速实现产业化，收回初始投资并取得利润，企业就将蒙受损失。对技术生命周期的估计可以根据技术自身的特性、市场状况以及和同类技术相比较来进行。

（二）生产风险

生产风险特指在生产企业创业过程中，由于生产环节的有关因素及其变化的不确定性，以致创业失败或利润受损的可能性。对于生产企业创业来说，由于企业刚刚起步，生产人员的配备、生产要素的供给、各类资源的配置等容易出现问题，新产品又多是首次进入生产环节，工艺、设备等难以得到保证，而且新产品必然要求具有与其质量控制相适应的新标准、新检测手段。这在创业阶段都需要尝试摸索，故可以从以上方面采取措施防范。

（三）财务风险

财务风险的防范主要从两个方面进行。

1. 资产负债状况

从资产负债分析，主要分为三种类型：一是流动资产的购置大部分由流动负债筹集，小部分由长期负债筹集。固定资产由长期自由资金和大部分长期负债筹集。自有资本全部用来筹措固定资产。这是正常的资本结构，财务风险较小。二是资产负债表中累积结余是负数，表明有一部分自有资本被亏损侵蚀，从而导致总资本中自有资本比重下降，这说明出现财务危机，必须引起警惕。三是亏损侵蚀了全部自有资本，而且还占据了一部分负债，这种情况属于高度风险，企业必须采取强制措施来缓解这种状况。

2. **企业收益状况**

从企业收益分析，分为三个层次：一是经营收入扣除经营成本、管理费用、销售费用、销售税金及附加费用等经营费用后的经营收益。二是在第一层次上扣除财务费用后为经常收益。三是在经常收益基础上与营业收支净额的合计，也就是期间收益。

对这三个层次的收益进行分析可以分成三种情况：一是如果经营收益为盈利，而经常收益为亏损，说明企业的资本结构不合理，举债规模大，利息负担重，存在一定风险；二是如果经营收益、经常收益均为盈利，而期间收益为亏损，这种情况如果严重可能引发财务危机，必须加强监控；三是如果从经营收益开始就已经亏损，说明企业财务危机已经显现。反之，如果三个层次收益均为盈利，则是正常经营状况，财务风险不存在或很小。

四、创业者风险承担能力的估计

当必须对两个或更多潜在结果不明确的备选方案进行主观评估、决定取舍的时候，就产生了风险情景。风险就意味着既可能成功也可能失败。潜在的损失或收益越大，存在的风险就越大。

风险承担者要对不确定的情况做出决定，需要平衡潜在的成功与损失。在对某个可能的选择进行决策的过程中需要考虑这些因素：

①这一选择可能带来的收益；②风险承担者可以接受的损失底线；③成功和失败的相对概率；④个人努力对增加成功的可能性、减少失败可能性的影响程度。

每个人对于风险的承受能力是不一样的，有的人有足够的能力和资源去驾驭风险，那么风险因素对他来说影响并不是最重要的考量指标；而有的人可能自身无法承受创业失败带来的损失（包括物质和心理上），那么就应该分析一下现在选择创业时机是否正确，又或者是自己根本不适合创业。对于风险的承受能力其实更多的是对创业者心理素质的考量，因为创业者一旦选择创业，那么他面对的将不再是自己个人的事情，家庭、员工、社会责任、个人前途每一个环节都需要认真仔细地考虑、衡量。

创业者风险承担能力，主要通过以下几个方面进行综合评估。

（一）与个人目标契合程度

创业过程中遭遇的困难与风险极大，因此有必要了解创业者的创业动机，以利于判断他愿意为创业活动付出多大的代价。一般认为，新创业机会与个人目标的契合程度越高，则创业者投入意愿与风险承受意愿自然也会越大，新创业目标最后获得实现的概率也相对较高。

（二）机会成本

一个人一生的黄金岁月大约只有 30 年光景，其可分为学习、发展与收获等不同阶段，而为了这项创业机会，你将需要放弃什么，可以由其中获得什么，得失的评价如何。参与创业，需要仔细思考创业所要付出的机会成本。经由机会成本的客观判断，可以得知新创业机会是否真的对于个人生涯发展具有吸引力。

（三）对于失败的底线

古人说，留得青山在，不怕没柴烧。创业必然需要面对可能失败的风险，但创业者也不宜将个人声誉与全部资源都压在一次的创业活动上。理性的创业者必须要自己设定承认失败的底线，以便保留下次可以东山再起的机会。失败的底线，可以有效判断创业者的风险承受能力。

（四）个人风险偏好

创业者个人的风险偏好不同。一般来说，喜欢冒险，具有风险意识的创业者要比安全保守的创业者风险承受能力强。

（五）风险承受度

每个人的风险承受度都不一样。一般而言，风险承受度太高或太低均不利于新创业的发展。风险承受度太低的创业者，由于决策过于保守，拥有的创新机会也会比较少。但风险承受度太高的创业者，也会因为孤注一掷的举动，将企业陷入险境。一个能以理性分析面对风险的人，才是比较理想的创业者。

（六）负荷承受度

创业者的耐压性与负荷承受度，也是评量创业者风险承担能力的一项重要指针。负荷承受度与创业者愿意为新创业投入工作量的多少，以及愿意忍受的辛苦程度密切相关。

五、基于风险估计的创业收益预测

创业者必须进行创业风险的评估，即就特定的创业机会和创业活动，分析和判断创业风险的具体来源、发生概率，预期主要风险因素，测算冒险创业的风险收益，估计自己的风险承受能力，进而进行风险决策，提前准备相应的风险管理预案。

（一）风险收益的测算

估计了各项风险因素的发生概率和可能造成的损失之后，即需要测算特定创业机会的风险收益，依次判断是否值得冒险创业。通常，只有风险收益达到一定的程度，创业者才值得冒险去利用某个创业机会。一般而论，可按以下关系式测算特定机会的风险收益：

$$FR = (M1 + M2) \cdot B \cdot P1 \cdot P2 \cdot S/(C + J)$$

其中，FR 代表特定机会的风险收益指数；M1 代表特定机会的技术及市场优势指数；M2 代表创业者的策略优势指数；B 代表特定机会持续期内的预期收益；P1 代表技术成功概率；P2 代表市场成功概率；S 代表创业团队优势指数。C 代表利用特定机会创业的有形资产投资总额；J 代表利用特定机会创业的无形资产投资总额。需要注意的是，当且仅当 FR ≥ R（创业者的期望值）时，创业者才值得冒风险去利用特定的创业机会。

（二）提前准备风险管理预案

进行前述分析后，创业者即需要提前准备风险管理预案。这类预案要应对的重点，一是预期发生概率较大的风险因素及可能发生的问题；二是虽然预期发生概率不大，但如果发生，将会造成较大损失的风险因素及可能发生的问题；三是可能发生的团队风险。为应对可能发生的团队风险，团队成员需要就未来的创业目标、创业思路、行动纲领、行为规则、利益关系、风险分担、决策体制等进行反复讨论，力求达成阶段性共识，并做出相应的制度性安排。例如，形成相应的内部文件，甚至写入新创企业的组织章程之中。同时，还需要建立一套有效的激励和约束机制以及终极决策人和责任人机制。

第四节 商业模式开发

★学习要点

1. 商业模式的本质及其与商业战略的关系；
2. 商业模式设计的思路和方法；
3. 开发商业模式的关键影响因素。

一、商业模式的定义和本质

（一）商业模式的定义

商业模式是一个比较新的名词。尽管它第一次出现在 20 世纪 50 年代，但直到 20 世纪 90 年代才开始被广泛使用和传播。今天，虽然这一名词出现的频率极高，但其仍没有统一的定义。

目前相对比较贴切的说法是：商业模式是一种包含了一系列要素及其关系的概念性工具，用以阐明某个特定实体的商业逻辑。它描述了公司所能为客户提供的价值，以及公司的内部结构、合作伙伴网络和关系资本（Relationship Capital）等，借以实现（创造、推销和交付）这一价值，并产生可持续盈利收入的要素。

商业模式是一种简化的商业逻辑，依然需要用一些元素来描述这种逻辑。

1. 价值主张

即公司通过其产品和服务，所能向消费者（用户）提供的价值。价值主张确认公司对消费者的实用意义。

2. 消费者目标群体

即公司所瞄准的消费者群体。这些群体具有某些共性，从而使公司能够（针对这些共性）创造价值。定义消费者群体的过程，也被称为市场划分。

3. 分销渠道

即公司用来接触消费者的各种途径。这里阐述了公司如何开拓市场。它涉及公司的市场和分销策略。

4. 客户关系

即公司同其消费者群体之间所建立的联系。通常所说的客户关系管理即与此相关。

5. 价值配置

即资源和活动的配置。

6. 核心能力

即公司执行其商业模式所需的能力和资格。

7. 合作伙伴网络

即公司同其他公司之间为有效地提供价值并实现其商业化，而形成合作关系网络。这也描述了公司的商业联盟范围。

8. 成本结构

即所使用的工具和方法的货币描述。

9. 收入模型

即公司通过各种收入流,来创造财富的途径。

10. 资本增值

伴随用户规模、品牌价值、市场份额方面的成长,项目本身估值也不断增加,被潜在觊觎者收购也将成为一种创造财富的路径。

商业模式的设计是商业策略的一个组成部分。而将商业模式实施到公司的组织结构(包括机构设置、工作流和人力资源等)及系统(包括IT架构和生产线等)中去,则是商业运作的一部分。这里必须要清楚区分两个容易混淆的名词:业务建模,通常指的是在操作层面上的业务流程设计;而商业模式和商业模式设计,指的则是在公司战略层面上对商业逻辑的定义。

(二)商业模式的本质

商业模式的本质是企业创造价值的核心逻辑。商业模式本质上是若干因素构成的一组营利逻辑关系的链条,商业模式的本质主要表现在层层递进的三个方面。

1. 价值发现

明确价值创造的来源,这是对机会识别的延伸。通过可行性分析,创业者所认定的创新性产品和技术只是创建新企业的手段,企业最终营利与否取决于它是否拥有顾客。创业者在对创新产品和技术识别的基础上,进一步明确和细化顾客的价值所在,确定价值命题,是商业模式开发的关键环节。绕过价值发现的思维过程,创业者容易陷入"如果我们生产出产品,顾客就会来买"的错误逻辑,这是许多创业实践失败的重要原因之一。

2. 价值匹配

明确合作伙伴,实现价值创造。新企业不可能拥有满足顾客需要的所有资源和能力,即便新企业愿意亲自去打造和构建所需要的所有资源和能力,也常常需要很大的成本,面临着很大的风险。因此,为了在机会窗口内取得先发优势,并最大限度地控制机会开发的风险,几乎所有的新企业都要与其他企业形成合作关系,以使其商业模式有效运作。

3. 价值获取

制定竞争策略,占有创新价值。这是价值创造的目标,是新企业能够生存下来并获取竞争优势的关键,因此是有效商业模式的核心逻辑之一。许多创业企业是新技术或新产品的开拓者,但却不是创新利益的占有者。这种现象发生的根本原因在于这些企业忽视了对创新价值的获取。价值获取的途径有两方面:一是为新企业选择价值链中的核心角色;二是对自己的商业模式细节最大可能地保密。对第一方面来说,价值链中每项活动的增值空间是不同的,哪一个企业占有了增值空间较大的环节,就占有了整个价值链价值创造的较大比例,这直接影响到创新价值的获取。对第二方面来说,有效商业模式的模仿在一定程度上将会侵蚀企业已有利润,因此创业企业越能保护自己的创意不被泄露,就越能较长时间地占有创新效益。

二、商业模式和商业战略的关系

商业模式与商业战略关系密切，商业模式对商业战略影响很大，表现为以下几点。

（一）商业模式不再围绕企业进行设计

任何一个企业在设计商业模式时，它已经不再是一个单纯地谋求利润和商业价值的传统企业角色，它已经进化成为一个政治家、外交家、产业规律缺陷研究专家（就像索罗斯那样）以及行业协会、小政府等多个角色的混合，虽然还有企业这个基本角色，但已经天壤之别了。

企业制定商业战略的时候，还是以企业的角色，首先确定一个目标，其次战略就是达成这个目标的一套具体的行动路径，即围绕着实现这个目标，企业要思考把产品和服务交给怎样的客户，最终实现价值的交付（进一步通过战略管理的保障，使得利润比一般人高，而且要保证利润是可控和长久的），这是传统商业战略设计的过程。

（二）商业模式是一种新的思维方式，颠覆了传统战略的设计过程

企业家制定商业模式时，是以一个外交家、生态链的负责人、现有规律的破坏者的角度在思考，我可不可以提供更大、更深、更有价值的产品或解决方案，能不能给客户提供一个更垂直、更一体化、更低风险、更具备信息和知识含量的服务，能不能通过生态链去提供一种能思考、有生命、有动能的价值。

（三）商业模式异化了战略路径

过去企业的客户、产品和服务是相对确定的。商业模式思想的引入，使客户、产品、服务、所提供的价值等需要再界定，甚至不断再界定。商业模式是在战略路径里面发育出来的新结构，这种发育其实是时代和企业运作的产物。它从外面借来很多价值，借来很多功能，但是并没有增加企业实际的投入。

（四）商业模式改变了传统企业"我想做什么"的单向思考

商业模式让企业的思考变成了"我们想做什么"，而"我"在"我们"当中扮演什么角色，这使得企业之间也出现了一个社会角色的分工。过去所有企业都像工蜂一样平等，都为产生利润和商业价值而活。现在有一个链主企业跳出来以后，把若干企业构成的平等世界政治化、社会化、生态链化了，其中有人是领袖，有人是一般管理者，有人就是产业个人，有人是智力工作者，有人是进行交易撮合的。一个生态链角色越丰富，其功能往往就越强大。

（五）商业模式是战略的一个横向切面和组成部分

商业模式必须相对清晰地描述整个生态链干什么，它引导整个集团的各个子集团，在商业模式层面上，乃至在彼此生态链上发生化学反应，发生聚合和交易。所以集团公司在设计产业组合的时候，应注重在各个产业之间、（各个产业板块的）多个公司（包含非法人）之间，（公司之间的）产品和服务之间，这三个层面上形成有效的关系。

（六）商业模式强化了商业战略的内空间

虽然商业模式仅仅是战略里面的一个构件，但因商业模式这种网络式超边界整合思维的

引入，大大地强化、深化了商业战略的内宇宙、内空间，使其内部出现了很多细腻的层次，使得新型企业在考虑商业战略的时候，思考维度、空间就变得非常广大、新鲜和自由。

三、商业模式因果关系链条的分解

商业模式设计过程是企业的一系列价值活动过程，是从价值主张到价值实现的过程。价值主张是互联网商业模式设计的起点，价值实现是互联网商业模式设计的终点。

（一）基于价值的商业模式设计要素描述

1. 价值主张

价值主张是通过产品和服务向消费者提供的价值。一个能为参与者理解且接受的价值主张，应该能使每个参与者都能增加其经济效用。因此，价值主张的阐释必须清楚、准确。如果价值主张表述得太复杂，顾客在购买时会产生犹豫感。价值主张必须对客户及其偏好深刻理解，必须是真实的、可信的、独特的、具有销售力的。价值主张的渗透力越强，就越能打动消费者的心，通过产品或服务创造价值就越持久。

2. 价值网络

价值网络是商业模式的价值链接机制要素，它能对商业模式价值主体实行有效链接。价值网络是由利益相关者之间相互影响而形成的价值生成、分配、转移和使用的关系及其结构。价值网络改进了价值识别体系，并扩大了资源的价值影响，它潜在地为企业提供获取信息、资源、市场、技术以及通过学习得到规模和范围经济的可能性，并帮助企业实现战略目标。价值网络通过在各个企业之间合作协调，汇集各种能力和资源，最终创造价值。企业商业模式是通过对企业全部价值活动进行优化选择，并对某些核心价值活动进行创新，然后重新排列、优化整合而成的。

价值网络构建主要是通过价值分析，对所有利益相关者的价值进行深入分析，构建合作共赢的价值网络，如针对市场的客户价值、针对伙伴的合作价值、针对上下游企业的供应链价值、针对广告商的广告价值、针对经销商的产品价值、针对电信商的增值服务价值。价值网络能提供价值实现的渠道、信息、资源等，使企业有效整合资源优势，降低运营成本，增强系统整体运营能力和风险控制能力。价值网络使网络中的供应商、渠道伙伴、客户、合作伙伴以及竞争者形成关系网络，通过核心能力互补，共同创造差异化、整合化的客户价值。

3. 价值实现

价值实现是指企业创造的价值被市场认可并接受，完成要素投入到要素产出的转化。价值实现主要依靠一系列商业策略来完成。随着竞争的激烈，免费的商业模式成为应用较多的互联网商业模式。例如，中国互联网用户数量庞大，这种低成本或免费服务会带来用户量的爆炸性增长，产生用户锁定，为今后的增值服务提供巨大的空间和潜力。

（二）基于标准化框架分解研究法的商业模式设计要素描述

由莫瑞斯、辛德胡特、艾伦等发展形成的商业模式标准化框架模型阐述了一个相当简单、逻辑性强，而且可以测量的商业模式因果关系链条的分解研究方法，它在综合应用和操纵运作上有着很强的指导意义。从本质上讲，一个表达清楚确切的商业模式需要从以下六个关键链条上进行刻画。

1. 企业如何创造价值

这个问题是针对企业的价值提供提出的。它包括企业经营的特定产品或服务、产品或服务的组合类型、相关纵深产品（产品线数目）和扩展产品（一条产品线上的产品名目或相关产品）的组合。此外，价值主张还包括企业提供获得产品或服务的途径，自己负责销售或者和其他产品或服务捆绑销售。其他观点还认为企业提供价值包括自主产品或服务、外包产品生产或服务配送、授权其他公司生产和销售、收集产品转售或者收集产品再加工之后转售。最后，价值主张还关注产品或服务是企业直销还是通过中间商分销。

2. 企业为谁创造价值

这个问题主要关注企业在哪种类型和多大范围的市场上展开竞争。一般是看企业的主要销售对象是消费者（B2C），还是企业或组织（B2B），或者两者都有。此外，还要考虑其顾客处于价值链的哪个阶段。当向顾客提供产品或服务的时候，决策者一定要从深层次识别并区分其顾客是处在价值链的哪个位置，是上游（矿业、农业、基础制造业）、中游（终端产品制造、装配），还是下游（批发商、零售商），或者是一些组合而成的形式，还要详细界定市场的区域范围，仅是本地销售，还是区域营销，是全国范围内展开竞争，还是实行国际化。创立企业还关心为做大营销而进行的零碎分散的销售，以及集中精力与一些重要客户维系深层持久的关系，在一定程度上二者谁更容易成功。

3. 企业的内部资源优势是什么

核心竞争力是指企业获得的一种能为顾客提供特定利益的内部能力或技术。联邦快递依靠其在物流管理方面的竞争优势提供快速及时的配送；沃尔玛基于在供应链管理方面的优势做到了低价零售，即"天天平价"。企业可以根据自己的优势来源建立并维持自己的竞争力，这些优势可以来源于公司产品生产、运作系统、技术发展或革新能力、销售产品或市场营销经验、信息管理、原材料开采、产品包装的本领、融资管理、套利交易的竞争优势、对于供应链管理的精通以及网上电子商务交易管理和资源杠杆利用的技能。

4. 企业如何进行自身差异化

企业如何进行自身差异化，取决于企业怎样运用自身的核心竞争力，其核心竞争力能促使企业从那些直接竞争者和间接竞争者中脱颖而出。差别化是指在自己的市场领域为顾客提供一些真正唯一的价值利益。差异化的重大挑战则是：识别企业区别于其他竞争对手的显著差异点，并很好地一直保持下去。企业间的模仿比比皆是，企业要追寻的差异化不能只是停留在这种表面的暂时性差异化。可持续的战略定位趋向于从差异化的以下五个基本形式中制定：卓越运营模式、产品质量/选择/用途/特色方面、创新型领导能力、低成本、维系良好客户关系或顾客体验。

5. 企业如何盈利

企业商业模式的一个核心要素就是经济模型。经济模型为赚取利润提供不竭动力。它由四个子要素组成：第一个是企业的运作杠杆，或者说企业的成本结构在一定程度上取决于固定成本主导还是变动成本驱动；第二个是企业销量，企业在市场机会和内部能力方面组织起来带来的销量是高、中还是低；第三个便是企业在产品和服务方面能够控制支配的利润收入是高、中还是低；第四个是企业有多少收入驱动点（主要收入来源或者外延产品收入）以及企业定价策略是固定价格还是灵活定价。企业盈利可能出现两个极端：一个极端是有的企业收入来源只依靠固定价格的单一产品;另一个极端是有的企业根据消费者细分和市场条件以不同的定价方式出售三种互补产品系列以及一些附加服务,这样的企业拥有很多十分灵活的收入来源项目。这种灵活收入驱动是很多网络公司所运用的创新商业模型形成收入的主要来源。

6. 企业的时机、范围和远景目标是什么

企业商业模式必须要有自己的目标。企业目标可以从投资模型方面帮助新创立的企业开阔视野。有四种投资模式来描述大多数企业的投资行为:生存模式、收入模式、成长模式、投机模式。生存模式的目标是生存和满足最基本的财务需要;采用收入模式,创业者往往投资那些能够带来持续稳健收入流的业务,这些业务一般叫作"生活特色店"或者"夫妻店";成长模式并不追求初始收入有多丰厚,但大量的收入用来发展尝试那些有益于企业成长的投资,最终也使这些投资项目为初始投资者创造最主要的收入来源;投机模式给予创业者的时间期限很短,目标就是展示企业的发展潜力,随后便将其出售。

四、商业模式设计的思路和方法

商业模式设计关注的是企业的价值实现,是企业的商业逻辑表达方式和产品服务盈利方式。商业模式是企业在给定的行业中,为了创造卓越的客户价值而将自己推到获取价值的位置上,运用其资源执行什么样的活动、如何执行这些活动以及什么时候执行这些活动的集合。

在创业培育期,一旦完成机会识别,就要开始商业模式的设计开发,即新业务如何开展、怎样盈利。需要考虑如何制定核心战略、构建合作网络、建立顾客关系、培育和配置独特资源以及形成价值创造的方法,并将它们反映在商业计划书中。同样,在企业成长过程中,适时进行商业模式的检讨和创新,是企业培育核心竞争力、取得竞争优势的基本途径。

(一)商业模式设计是创业机会开发环节的一个不断试错、修正和反复的过程

企业绩效是商业模式选择与企业如何有效运用该模式的函数。企业拥有一个表达清晰的商业模式很重要。一是商业模式可作为可行性分析研究的延伸(商业模式会不断提出"该业务是否有意义"的问题);二是商业模式使人们的注意力集中于企业要素如何匹配以及如何构成企业整体上;三是商业模式解释了使商业创意具有可行性的参与者群体愿意合作的原因;四是商业模式向所有的利益相关者(包括员工)阐明了企业的核心逻辑。

1. 通过分析和优化价值链来识别机会,构建相应的商业模式

价值链是指产品从原材料阶段开始,经制造和分销,最后到达最终用户手中的一系列转移活动链条。价值链由基础活动和辅助活动构成。基础活动涉及产品制造、销售以及产品服务,而辅助活动提供对基础活动的支持。产品通过企业价值链的每个阶段时,企业内不同部门在每个阶段会增加产品价值(或不增加价值),最终产品或服务是各部门创造的价值总和。通过研究一个产品或服务的价值链,组织能够识别创造附加价值的机会,并评估企业是否有办法实现增值目标。价值链分析同样有助于新创企业识别机会,有助于理解商业模式如何形成。如果一个产品的价值链可以在某一领域内得到强化,它就可能代表着创建一家新企业的机会。创业者可以通过优化产品的价值链来创建新企业。但是,只有创造出一个可行的商业模式才能给新企业提供支持。

2. 商业模式反思

一旦商业模式得以清晰确定，创业者应该将它诉诸文字，认真反思检查，提出并思考以下问题：我的商业模式是否有意义？我需要的商业伙伴是否愿意参与进来？如果合作伙伴愿意参与，如何激励他们？我们的利益相互一致还是相互背离？顾客的情况如何？他们是否愿意花时间和本企业做生意？如果顾客愿意购买产品，如何激励他们？我是否能激发足够数量的伙伴和顾客，以便补偿一般管理费用并能获利？业务独特性如何？如果本企业获得成功，大量竞争者是否很容易跟进和模仿？

如果上述每个问题的回答都不能令人满意，则该商业模式就应当修改或放弃。只有在购买者、销售者以及合作伙伴都将它视为一种经营产品或服务的合理方法时，一个商业模式才具有生命力。

（二）商业模式设计是分解企业价值链条和价值要素的过程，涉及要素的新组合关系或新要素的增加

著名商学教授与作家加里·哈默尔（Gary Hamel）认为，有效的商业模式必须包括四个关键要素：核心战略、战略资源、价值网络和顾客界面。只有充分掌握这些要素的重点以及彼此间的整合和搭配关系，才能设计出独特的商业模式。

1. 核心战略

商业模式设计需要考虑的第一个要素是核心战略，它描述了企业如何与竞争对手进行竞争，主要包括企业使命、产品和市场定位、差异化基础等基本要素。

企业使命描述了企业为什么存在及其商业模式预期实现的目标。或者说，使命表达了企业优先考虑的事项以及衡量企业绩效的标准。

产品和市场定位应该明确企业所集中专注的产品和市场，因为产品和市场的选择直接影响到企业获取利润的方式。

差异化基础分为成本领先战略和差异化战略。采用成本领先战略的企业努力在产业内获取最低的成本，并以此来吸引顾客。相反，采用差异化战略的企业以提供独特而差别化的产品，以质量、服务、时间或其他方面为竞争基础。在大多数情况下，新创企业采用成本领先战略往往很困难，因为成本领先要求规模经济，这是需要花费时间的；而差异化战略对新企业却十分重要，因为这是取得顾客认可的很好方式。

2. 战略资源

企业目标的实现需要战略资源作后盾，战略资源对创业机会/创业能力以及服务顾客的独特方式都存在很大约束，因此，商业模式必须展示企业的核心能力和关键资产的特征。

核心能力是企业战胜竞争对手的优势来源。它是创造产品或市场的独特技术或能力，对顾客的可感知利益有巨大贡献，并且难以模仿。企业的核心能力决定了企业从什么地方获得最大价值。

关键资产是企业拥有的稀缺、有价值的事物，包括工厂和设备、位置、品牌、专利、顾客数据信息、高素质员工和独特的合作关系。作为新企业，应该注重如何创新性地构建这些资产，为顾客创造更高的价值。一项特别有价值的关键资产是企业的品牌。

3. 价值网络

企业一般不具备执行所有任务所需的资源，因此要与其他合作伙伴一起才能完成整个供应链中的各项活动，新企业尤其如此。

企业的合作伙伴网络包括供应商和其他伙伴。供应商是向其他企业提供零部件或服务的企业。传统意义上，企业把供应商看成竞争对手，需要某种零部件的生产商往往与多个供应商联系，以寻求最优价格。然而，过去20年来，经理们开始越来越多地关注供应链管理，因为它贯穿产品供应链的所有信息流、资金流和物质流。企业管理供应链的效率越高，其商业模式的运作效率也越高。

大企业与新企业在供应链管理方面，面临不同的资源和能力条件。大企业早期良好的经营往往给新事业开发积累了财务资源以及信誉资本，这为与优秀企业展开合作提供了有力保障。而新企业由于受到较大的资源约束，也往往具有较小的抗风险能力。因而，在寻求优秀企业加入和合作过程中面临较大的障碍。

4．顾客界面

新企业针对特定的目标市场，构建友好的顾客界面是影响商业模式效果的重要因素。顾客界面是指企业如何适当地与顾客相互作用，以提供良好的顾客服务和支持，主要涉及销售实现和支持与定价结构两方面。

顾客实现和支持描述的是企业产品或服务进入市场的方式，或如何送达顾客的方法，也指企业利用的渠道和提供的顾客支持水平。所有这些都影响到企业商业模式的形式与特征。

价格往往是顾客接受产品的首要因素之一，创业者必须使用合理的定价方法制定有效的价格。多数专家指出，新企业的价格结构必须符合顾客对产品或服务的价值认知，即顾客能够接受的价格是顾客愿意支付的价格，而不是在产品成本基础上一定比例的加成。

5．顾客利益

顾客利益是连接核心战略与顾客界面的桥梁，代表着企业的战略实际能够为顾客创造的利益。企业的核心战略要充分显示为顾客服务的意图。

在构建顾客服务与支持系统以及进行产品定价的时候，也一定要考察这些是否与企业核心战略一致。一味追求产品低价的恶性竞争策略，显然没有真正从顾客受益的角度来考虑问题，同时不具有长期的战略意义。相反，如果企业提供了切实满足顾客需要的新奇产品或服务，索要远远高于产品生产成本的价格也是正确的竞争策略。因此，顾客利益是企业制定核心战略以及构建顾客服务体系时必须遵守的原则，它涉及企业生存的根本。

6．构造

构造是连接核心战略与战略资源的界面要素，主要指两者间的有效搭配关系。首先，战略资源是核心战略的基础，企业缺乏资源，难以制定和实施战略目标。企业产品和市场的选择必须紧紧围绕核心能力和关键资产，越来越多的证据表明，这样可以使企业受益。这主要是因为如果企业根据自身的核心能力和资源集中于价值链中较小的环节，较容易成为特定市场的专家，提供更高品质的产品和服务，为企业创造更高的利润。很多成功的创业企业在这方面做出了榜样。

核心战略要充分挖掘企业战略资源的优势。一方面这是创造更多企业价值的需要，另一方面也是有效构建竞争障碍的途径。企业通过关键资源的杠杆作用对已有模式的不断创新，将会使跟进者的模仿变得更加困难。

7. 企业边界

企业边界是连接企业战略资源与伙伴网络的界面，其内涵在于企业要根据所掌控的核心能力和关键资源来确定自身在整个价值链中的角色。传统的企业边界观点是建立在成本收益原则基础上的，一种产品是成立企业自己生产还是从市场购买取决于产品的边际成本，产品的边际成本等于交易成本之处就成为企业的边界。而随着市场竞争的日益激烈，现代企业边界观点产生了，它把企业为什么存在以及企业应该有多大的基础问题归为企业竞争能力的问题，其中企业的核心能力与关键资源决定了企业应该做什么。企业只有围绕其核心能力与关键资源开展业务才可能建立起竞争优势。尤其是新企业，创建之初往往面临较大的资源与能力约束，集中于自己所长是竞争成功的关键。

五、商业模式创新的逻辑与方法

（一）商业模式创新的逻辑

成功的商业模式应当有其自身的逻辑系统，否则，不会出现在同一商业模式下运作的 Dell、Alibaba 等商界巨头。成功的商业模式创新是商业模式与企业核心竞争优势相互耦合的过程，以客户价值主张为商业模式研究的基础；以"产业链系统（下游供应链、企业内部运营价值链、上游分销链、客户链）其他相关利益者链（包含企业治理结构关系、社会公共关系、企业宏观环境，即一组国家政治、经济、技术等环境系统）以及竞争链系统"组成的生态链系统作为商业模式创新的决策支撑；以强势企业文化构建作为商业模式创新执行的支持；产品与市场的创造作为成功商业模式的成果输出。

（1）客户价值的研究是商业模式研究的基础，商业模式设计的根本目的是为客户体验创造新的价值，促使客户愿意为之买单。任何商业模式都是为了持续优化客户在消费过程中的体验或是为客户创造新价值的体验（简单理解就是企业经常所说，持续为客户提供高效、优质的服务），倘若能寻找到实现这种提升客户体验价值的途径，也就形成了商业模式创新的原型。需要指出的是，处于产业链不同位置的企业对于"客户"这一概念的理解不能太过狭隘，制造企业或品牌企业对其上游的分销商、最终产品或服务的消费者都应当视为客户，而不仅是终端消费者。例如，西南航空的低成本运作的商业模式，为客户提供高效的服务；Google 的关键字竞价服务；房地产行业的"地产+游乐""地产+运营"等商业模式，都是对客户价值的优化和创造。

（2）组成商业模式创新的生态链系统是企业生存所必须面对的生态环境链，生态链系统的研究其实是一个完整的战略分析、决策的过程。通过对客户价值的研究，可以得到商业模式的原型，为了使商业模式更加具有竞争力，就必须围绕企业经营的内、外部环境（由供应者、企业内部运营价值链、分销渠道、客户、其他相关利益者以及竞争者组成的一组生态链系统）进行资源、能力的分析，从而确认生态链系统能否对客户价值主张进行很好的支持，最终确定生态链系统进行整合的方向。

分析生态链系统的关注点：一是深入了解生态链系统中各相关者可获取的剩余价值；二是与本企业优势资源能力相似的标杆企业（可跨行业选择）分析；三是与客户价值主张的配比。通过上述的分析，确认生态链系统整合的方式。

生态链系统内部整合主要有四种方式：一是产业链的内部整合，是一种纵向整合的方式,即增加本企业产业链条的长度,其中与竞争链的整合,是一种横向整合的方式,即增加本企业的运作规模;二是企业运营价值链内的整合,提升企业内部的运作效益;三是企业运营价值链内相关环节直接跨产业整合资源,突破资源发展的瓶颈;四是分步进行有次序的整合,最终以实现客户价值主张。

(3) 企业文化是一种软实力,是企业进行各类活动执行的支持系统。一个缺少强势文化的企业,在创新商业模式的执行过程中,势必处处受阻。通常,成功的企业一定存在着特定的文化,有时会隐含在企业日常的运作过程之中,此时,企业就应当努力提炼自身的文化,以不断强化企业的正向文化,配合企业未来战略发展的需要,鼓励更多的员工融合到组织中去,以提高组织的整体执行效力。在进行商业模式的创新研究过程中,必须要持续性强化企业在过去取得成功的文化基因,并引入新的文化元素,以保证商业模式创新过程得以顺利进行。

(二) 商业模式创新的方法

商业模式创新就是对企业基本经营方法进行变革。一般而言,这有四种方法:改变收入模式、改变企业模式、改变产业模式和改变技术模式。

1. 改变收入模式

改变收入模式是改变一个企业的用户价值定义和相应的利润方程或收入模型。这就需要企业从确定用户的新需求入手。这并非是市场营销范畴中的寻找用户新需求,而是从更宏观的层面重新定义用户需求,即去深刻理解用户购买本企业的产品需要完成的任务或要实现的目标是什么。其实,用户要完成一项任务需要的不仅是产品,而且是一个解决方案。一旦确认了此解决方案,也就确定了新的用户价值定义,并可依此进行商业模式创新。

2. 改变企业模式

改变企业模式就是改变一个企业在产业链中的位置和充当的角色。也就是说,改变其价值定义中"造"和"买"的搭配,一部分由自身创造,其他由合作者提供。一般而言,企业的这种变化是通过垂直整合策略或出售及外包来实现的。

3. 改变产业模式

改变产业模式是最激进的一种商业模式创新,它要求一个企业重新定义本产业,进入或创造一个新产业。例如,国际商业机器公司通过推动智能星球计划和云计算,重新整合资源,进入新领域并创造新产业;商业运营外包服务和综合商业变革服务等,力求成为企业总体商务运作的大管家。

4. 改变技术模式

正如产品创新往往是商业模式创新的最主要驱动力,技术变革也是如此。企业可以通过引进激进型技术来主导自身的商业模式创新,如当年众多企业利用互联网进行商业模式创新。当今,最具潜力的技术是云计算,它能提供诸多崭新的用户价值,从而提供企业进行商业模式创新的契机。

当然,无论采取何种方式,商业模式创新需要企业对自身的经营方式、用户需求、产业特征及宏观技术环境具有深刻的理解和洞察力。这才是成功进行商业模式创新的前提条件,也是最困难之处。

思考与练习

一、名词解释
1. 创业机会
2. 创业机会风险
3. 商业模式

二、简答题
1. 简述商业模式的本质及其创新的方法。
2. 简述基于价值的商业模式设计的要素。
3. 简述商业逻辑的十大元素。
4. 技术风险的防范通常从哪四个方面进行？并简述如何防范创业中的系统性和非系统性风险。
5. 一般来讲，研究创业的学者都会关注创业机会，简述其原因，并概括分析有价值的创业机会包含哪些特征。
6. 简述在商业模式的设计中，创业者需要解决的核心问题。

三、判断题
1. 在创业之初，创业者需要考虑创业机会的价值潜力能否在长期内弥补因放弃工作而承担的损失。（　　）
2. 创业资源是支持商机转变为发展潜力的企业的一切东西。（　　）
3. 只有在信息多样化的条件下，发散性思维才对企业经营理念的形成产生显著的影响。（　　）
4. 个人社会关系网络的深度和广度对机会识别没有影响。（　　）
5. 创业警觉性指一种间接关注、注意未被发觉的机会能力。（　　）
6. 创业机会重点关注的地方一般可以大致归为顾客、企业、渠道、政府机构。（　　）
7. 创业机会的潜在价值依赖于创业者的开发活动。（　　）

四、选择题
1. 具有价值潜力创意的基本特征有（　　）。
   A. 新颖性、价值性、真实性　　　B. 新颖性、创造性、价值性
   C. 价值性、实用性、真实性　　　D. 价值性、真实性、实用性
2. 创业是建立在（　　）基础之上的，（　　）是创业的基础和前提。
   A. 技术　技术发现　　　　　　　B. 机会　机会发现
   C. 机遇　机遇发现　　　　　　　D. 能力　能力发现
3. （　　）是创业行为的起点。
   A. 商业机遇　　B. 商业机会　　C. 商业计划　　D. 创业动机
4. 创业机会在其表现上，可以分为（　　）。
   A. 突现机会、显性机会和隐性机会　　B. 商业机会、显性机会和隐性机会
   C. 突发机会、显性机会和隐性机会　　D. 创造机会、显性机会和隐性机会

5. 按风险产生的原因划分，可分为（   ）两类。
   A. 市场创业风险和技术创业风险　　B. 主体创业风险和客体创业风险
   C. 主要创业风险和次要创业风险　　D. 主观创业风险和客观创业风险

五、实训题

1. 根据本章所学内容，商业模式的本质里面包含了价值发现，你觉得你应该如何去发现商品的价值？

2. 根据本章所学内容，商业模式的本质里面包含了价值匹配，你觉得你应该如何去进行价值匹配？

3. 根据本章所学内容，假设你是一个创业者，你觉得你应该如何去评估自身的风险承担能力？

4. 根据本章所学内容，假设你是一个创业者，当你在面对市场风险的时候，你应该如何进行防范，以及原因。

5. 根据本章所学内容，你如何看待贝蒂的选择因素法？请结合实际具体谈谈你的感受。

6. 去专利局的相关网站，找到一个技术专利，利用头脑风暴的方法，列出五种创造性使用这种专利的方法。

7. 从自己的性格特点入手，结合本章所学的知识，列出图表，分析自己是否能够应对创业风险？（包括以下几个方面：自己能接受赔钱吗？在压力之下，自己是否能表现较好？对于自己的决定是否一直都很有信心？等等）最后对自己是否适合创业做出客观的评价。并详述如果认为自己不适合创业，应该如何去做。

8. 假设你要进入一个学生保健品市场，简要概括一下你应该如何进行市场分析、环境分析、用户调查，如何设计合理的商业模式。

六、创业测试：你适合在什么行业创业

1. 你觉得自己的性格属于哪种？　　　　　　　　　　　　　　　　　　（   ）
   A. 比较安静　　　　B. 比较爱动　　　　C. 介于两者之间

2. 以下几种文学作品你更喜欢哪一种？　　　　　　　　　　　　　　　（   ）
   A. 诗歌　　　　　　B. 小说　　　　　　C. 哲理散文

3. 在圆形、三角形、S形三种图形中，你更喜欢哪一种？　　　　　　　（   ）
   A. 圆形　　　　　　B. 三角形　　　　　C. S形

4. 你上学的时候，哪一门功课学得最好？　　　　　　　　　　　　　　（   ）
   A. 数学　　　　　　B. 语文　　　　　　C. 外语

5. 你在衣着化妆方面是否很有天赋？　　　　　　　　　　　　　　　　（   ）
   A. 是　　　　　　　B. 不是　　　　　　C. 说不上

6. 你对学习演奏一种乐器是否有兴趣？　　　　　　　　　　　　　　　（   ）
   A. 没有　　　　　　B. 非常希望有机会能学习　　　C. 说不上

7. 公司组织的节日 Party 需要大家演节目，你会怎么做？　　　　　　（   ）
   A. 我可不擅长
   B. 我非常乐意有机会让大家见识我这方面的才艺
   C. 虽然不很擅长，也会尽力

8. 你做事情条理性强吗？ （　）
   A. 很差，乱透了
   B. 我做事总是井井有条
   C. 不算很好

9. 周末如果有空闲，你会选择哪种休闲方式？ （　）
   A. 看书　　　　B. 逛街购物　　　C. 动手做些小饰品

10. 外出旅行，你更喜欢去哪些地方？ （　）
    A. 风景优美的人间仙境
    B. 充满文化气息的名胜古迹
    C. 不为人知的山野小景

11. 朋友在一起讨论问题，通常情况下，你的见解是什么？ （　）
    A. 总能令人耳目一新
    B. 与他人大致相同
    C. 偶尔也有一番见地

12. 如果某件事吸引了你，你的反应是什么？ （　）
    A. 通常都是被事物的表象或者有趣的地方所吸引
    B. 如果被吸引，我就一定要对它探个究竟
    C. 如果可能的话，我也会参与其中

13. 你喜欢陶艺吗？ （　）
    A. 似乎很时尚，也想把它作为一种休闲方式
    B. 不是很喜欢，但想了解人们为什么喜欢陶艺
    C. 非常喜欢，自己动手做些陶艺品会独具特色

14. 下面的场景你更喜欢哪个？ （　）
    A. 静谧深邃的森林
    B. 蓝天白云下的草场
    C. 怪石林立的高山峭壁

15. 如果能力许可，在人事经理、记者和自由画家三种职业中，你会选择哪一种？ （　）
    A. 善于处理人际关系的人事经理
    B. 能言善辩、可能接触社会各色人等的记者
    C. 尽管有可能非常清贫，但是可以率性生活的自由画家

题号 分数	1	2	3	4	5	6	7	8	9	10	11	12	13	14	15
A	2	0	2	2	0	2	2	0	2	1	0	0	1	2	2
B	0	1	1	1	2	0	0	2	1	2	2	2	2	0	1
C	1	2	0	0	1	1	1	1	0	0	1	1	0	1	0

七、案例分析

1.1940年，11岁的李嘉诚为了逃避日军侵略战火，而不得不随家人辗转迁徙香港地区。

第三章 创业机会与创业风险

14岁，李嘉诚父亲早逝，为了帮助母亲养家糊口，他辍学求职。由于时局动荡，经济不景气，再加上李嘉诚年龄太小，身体单薄，工作并不好找。几次碰壁之后，终于在一家茶楼找到了一份堂倌的工作。在茶楼跑堂时，李嘉诚每天工作达15小时以上，异常辛苦。后来他的舅父让李嘉诚到他的中南钟表公司工作，但是李嘉诚不愿受别人太多的荫庇和恩惠，哪怕是亲戚。他认为这样会失去自我的进取。

逆境是改变命运的机会。17岁时，李嘉诚去了一家五金厂负责推销镀锌铁桶，成为一名推销员，颇有业绩。此时，他看好了塑胶行业的发展前景，毅然加盟塑胶公司。李嘉诚凭借自己的勤勉和机灵，取得了出类拔萃的销售业绩。18岁那年，李嘉诚被提升为部门经理，两年后，又以杰出的成就，成为塑胶公司的经理。但是李嘉诚选择了离开，因为他心中已有着自己的计划：创办自己的塑胶厂。

把握机会，就得敢于挑战，果断迈出第一步。1950年，22岁的李嘉诚用做推销员积蓄的5万港元，创立了长江塑胶厂，取名"长江"，其寓意为"长江不择细流，故能浩荡万里"，足见李嘉诚的胸襟与抱负。创业初期，为了节省成本，李嘉诚到远离市区的地方找廉价的厂房，技工、设计、推销、采购、会计、出纳，几乎什么事都是他一手操持。随着塑胶业的发展日新月异，在他的努力经营下，塑胶厂得到了稳健的发展。

机会总是属于有准备的人，坚持学习的李嘉诚，居安思危，思考着塑胶厂的未来。他将目光瞄向全球，一次从《塑胶》英语杂志上看到欧美市场已经出现塑胶原料制成塑胶花的消息，嗅觉敏锐的他立刻意识到机会的到来。他推想，欧美家庭都喜爱在室内、户外装饰花卉，但是快节奏的生活使人们无暇种植娇贵的植物花卉，而塑胶花正好弥补这个缺陷。李嘉诚对机会做出判断——塑胶花的面市，必将会引起塑胶市场的一场革命。

机不可失，失不再来，李嘉诚迅速出动。1957年，李嘉诚前往意大利学习制造塑胶花的技术。他以购货商、推销员的身份，有时甚至出苦力打短工，一点点地搜集技术资料。

不久，他完全掌握了制作塑胶花的各项步骤和技术要领。返回香港地区后，开始生产当时在香港地区尚属"冷门"的塑胶花，并大肆进行广告宣传。

机会总是青睐第一个吃螃蟹的人。李嘉诚的塑胶花产品很快打入了中国香港地区和东南亚市场。同年底，欧美市场对塑胶花的需求也越来越大，订单成倍地增长。世界塑胶花市场的这种旺势一直持续到1964年，在前后7年时间里，李嘉诚获得了数千万港元的利润。长江公司成为世界上最大的塑胶花生产基地，李嘉诚也以"塑胶花大王"的美誉而名声大噪。

机会是具有时效的，并非永久存在。李嘉诚认为，欧美人天性崇尚自然，塑胶花革命势必不会持久。当塑胶花生产炙手可热的时候，他就预料到这种局面维持不了几年。于是，他急流勇退，及早收手。

当一个机会窗口关闭的时候，总会有另一个机会窗口打开。李嘉诚不知不觉地将生产重点转移到了已逐渐被人们冷落了的塑胶玩具上面，并很快跻身国际市场。一两年后，当所有塑胶花厂商为产品严重滞销而苦不堪言的时候，曾经是世界最大塑胶花生产基地的长江公司，却正在国际玩具市场中大显身手，每年出口额高达1 000万美元，李嘉诚又成为香港地区的"塑胶玩具大王"。

时势造英雄，机会来源于对宏观环境的把握，李嘉诚较早就意识到了香港地区已开始繁荣。1958年，李嘉诚在香港地区的北部购置了一块土地，正式向房地产产业进军，20世纪

60—70年代，香港地区的房地产市场看好，长江实业大获其利；1978年他又收购了历史悠久的英资水泥公司青洲水泥，在房产再度兴旺时，李嘉诚连创佳绩，从而巩固了大房产公司的地位。紧接着1979年收购拥有贸易、商业、房地产等诸多子公司的哈奇逊公司，终于在1981年长江集团成为香港地区最大的企业集团。这距李嘉诚创业仅30年的时间。这之后，已经是华人首富的李嘉诚又涉足能源、海外投资、电信传媒等行业，一手建立了一个商业帝国。

思考：请结合案例，谈谈你对创业机会的认识。

2. 郭敬明，一个伴随着80后长大的名字，如今他的小说也影响着90后，并开始被00后所喜爱，我们在这里不评判他的文学水平、导演水平，以及身高，单以一个创业者的身份来看，他是极其成功的。

郭敬明大学时期便开始创业，虽然他常年霸占着中国作家收入排行榜榜首，但是他在商业上的成功，甚至让他的作家身份也黯然失色。如果你只是觉得这个瘦弱的男人只会玩弄一些小女生喜欢的华而不实的文字，那么你就太小看他了，郭敬明有着惊人的商业嗅觉。郭敬明在大学时便成立"岛"工作室，出版一系列针对自己小说受众的杂志与期刊，而后成立柯艾文化传播有限公司，逐渐建立起自己的商业版图。

而且，以今天各个期刊纷纷转型产业链服务来看，郭敬明早在2005年就察觉了这一点，从那时起他就为刊物读者提供"立体服务"，例如推出音乐小说《迷藏》，推出小说主题的写真集，拍摄《梦里花落知多少》偶像剧，在青春读物的基础上打造了一条属于自己受众的文化消费产业链，开始深耕产业布局。而今，郭敬明已经用自己的小说《小时代》拍出了电影，第一部便直奔5亿的票房。

知乎上有人这么描述郭敬明："其实中国的年轻人并没有什么本质的变化。对于大学和社会的幻想，对于爱情和成功的畅想，对于华服美食的渴望，是每一代中学生的必由之路。真正重要的其实仍是郭敬明本人。他或许是中国这二十年来唯一一个认真去满足上述需求的作者。"——真正伟大的创业者是干什么的？满足大众的需求。

思考：结合案例分析郭敬明是如何抓住产业机会的。

第四章

创业资源

★ 引导案例

蒙牛集团的创始人牛根生以前只是伊利的一个洗碗工,但他凭着自己的勤奋和聪明逐渐做到了伊利生产部门总经理的职位。

后来牛根生因为各种原因从伊利辞职了,他那个时候都40多岁了,去北京找工作,人家嫌弃他年纪大。没有办法他又回到呼和浩特,邀请原来伊利的几个同事,一起出来创业,人有了,但是没有奶源,没有工厂,没有品牌。

就在这时,牛根生开始了对资源的整合。他通过人脉关系打听到哈尔滨有一家乳制品公司,这家公司设备都是新的,但是生产的乳制品质量有问题,同时营销渠道也没有打通,所以产品一直滞销,牛根生马上找到这家公司的老板说:"你来帮我们生产,我们这边都是伊利技术高层,可以帮忙技术把关,牛奶的销售铺货我们也承包了。"这位老板一听,马上答应下来。这样他们几个一起出来创业的伙伴也有落脚的地方,解决了生存的问题。

在乳制品这个行业,没有品牌很难销售,因为品牌代表着安全可靠。牛根生想出了借势整合的办法,打出口号:"蒙牛甘居第二,向老大哥伊利学习。"牛根生恰到好处地运用了营销学上的"比附效应",也就是通过与竞争品牌的比较来确立自己的市场地位,借竞争者的势头,来衬托自己的品牌形象。此外,牛根生也不只是盯着伊利,而是把自己和内蒙古的几个知名品牌联系起来,说:"伊利、鄂尔多斯、宁城老窖、蒙牛为内蒙古喝彩!"因为前三个都是内蒙古驰名商标,自己放在最后,给人感觉就是内蒙古的第四品牌。牛根生整合品牌资源,蒙牛没有花一分钱,但迅速成为知名的品牌。

没有奶源怎么解决,如果自己买牛养,没有那么多人员去照顾。牛根生深谙伊利"公司连基地,基地连农户"的经营模式,于是牛根生当仁不让地将这套模式搬到了蒙牛,并且做得更深刻、更彻底。在这里蒙牛整合了三方面的资源:农户、农村信用社和奶站。从信用社借钱给奶农,蒙牛担保,而且蒙牛承诺包销路。奶牛生产出来的奶由奶站接受。蒙牛定时把信用社的钱还了,把利润又给了奶农,趁机喊出一个口号:"一年养10头牛,过的日子比蒙牛的老板还牛。"

通过这样的资源整合,蒙牛创造了中国企业史无前例的1 947.31%的增长速度。

第一节　创业资源概述

★学习要点

1. 创业过程中的资源需求和资源获取方法;
2. 创造性整合资源的途径;
3. 创业资金筹募的渠道和风险;
4. 创业资源管理的技巧和策略。

一、创业资源的内涵与种类

(一)创业资源的内涵

资源在《辞海》中的解释是:"生产资料和生活资料的天然来源。"

在经济学上,则把为了创造物质财富而投入生产活动的一切要素通称为资源,即其指一般意义上的商业资源。

2005年,徐绪松教授提出CSM新资源观论,认为投入后能够产生效益,包括能够创造经济价值(创造财富)、产生经济增长、建立竞争优势、提高核心竞争力、实现人与自然的和谐、可以持续发展等的东西均称为资源。

在此基础上,创业资源就是指新创企业在创造价值的过程中所需要的特定资产,包括有形与无形的资产。诸如创业人才、创业资本、创业机会、创业技术和创业管理等。

(二)创业资源的种类

创业资源包括有形资源和无形资源。对于一般的创业者来讲,有形资源和无形资源共同作用,形成创业产品和创业市场,并决定创业利润的水平以及创业资本的积累能力,进而影响着创业企业成长发展的速度。创业过程中创业者应当了解创业资源的类型,把有形资源和无形资源有效地组合,形成产品或服务,才能创造出新的价值。

1. 有形资源

有形资源包括金融资源、实物资源和组织资源三大类。

(1)金融资源。金融资源是企业物质要素和非物质要素的货币体现,具体表现为已经发生的能用会计方式记录在账的,能以货币计量的各种经济资源,包括资金、债权和其他。

(2)实物资源。实物资源是企业从事生产经营活动所需要的一切生产资料,其构成状况可按在生产经营过程的作用划分为劳动对象和劳动手段。

(3)组织资源。组织资源是指为了实现既定的目标,按一定规则和程序而设置的多层次岗位及其相应人员隶属关系的权责角色结构。包括企业的战略规划、员工开发、评价和报酬系统等。

2. 无形资源

无形资源主要包括社会资本、技术及专业人才三大类。

（1）社会资本。存在于人们的社会关系中，并建立在信任、互惠基础上的一种资源。创业中的社会资本，主要是指创业企业所面临的社会关系网络，即创业者与供应、分销商、顾客、竞争对手以及其他组织（包括当地政府、社会团体等）之间的相互关系，即创业企业所面临的整个创业环境，其表现形式有社会网络、规范、信任、权威、行动的共识以及社会道德等方面。其外在的指标可以表现为声誉、人缘、口碑等。

（2）技术。基于实践和科学原理发展而成的、用于解决实际问题的知识、经验和技能的总和。创业过程中，技术可以是创业者自身具备的某种专业技能，也可以是创业者从别人手中买来的技术专利，只要是有助于创业的技能，都是技术。

（3）专业人才。专业人才指存在于劳动人口之中的，从事经济及社会活动，并能创造价值的人力资源，包括创业者、创业合伙人、职业经理人、专业技术人员、营销人员和财务人员等。有的创业者，本身有技术，懂管理，是专业人才的重要组成部分；有的创业者，只有资金，就需要聘请职业经理人对创业进行管理。创业过程中专业人才常常表现为创业团队，团队成员有的有资金，有的有技术，有的懂管理。

（三）创业资源的重要性

创业资源对创业成长具有重要的支持作用，在创业过程中，创业者的工作重点应当放在如何有效地吸收更多的创业资源并且进一步整合成企业的竞争优势上。资源的有效利用对于企业意义重大，不能有效利用，已经获取的资源仍会逐步散失。资源整合对于创业过程的促进作用是通过创业战略的制定和实施来实现的。对于任何一个企业来说，战略定位不清晰，核心资源不明确是其发展的主要障碍，所以有效的资源整合，能够帮助创业者重新认识企业的竞争优势，制定切实可行的创业战略，为新创企业的成长打下良好的基础。一方面，战略的制定和实施需要一定的资源予以支持，只有拥有充分的资源，战略才有制定和实施的基础。因此，新创企业所拥有的创业资源越丰富，创业战略也越有保障；另一方面，创业资源还可以适当校正企业的战略方向，帮助新创企业选择正确的创业战略。因此，企业获取的创业资源越多，创业战略的实施也越有利。

二、创业资源与一般商业资源的异同

（一）不同类型创业活动的资源需求差异

不同的创业活动具有不同的创业资源需求，创业者应该根据创业活动的需要，认识不同类型创业活动的资源需求差异，获取创业企业发展所必需的资源，并且对本身所拥有的资源进行合理的开发和利用，以满足不同创业企业的具体需要。按照创业资源需求的不同，创业活动可以分为资合型创业、人合型创业和技术型创业。

1. 资合型创业的资源需求

资合型创业需要源源不断的资金来支持整个创业过程，常见于金融等行业内的创业。这种创业过程需要大量的创业资金。对于一般大学生创业者而言，其资金资源相对匮乏，因此，不建议进行这种类型的创业活动。

2. 人合型创业的资源需求

人合型创业要求创业过程中有可靠的社会资本及一定量的专业人才。创业者或者创业团队以自身所拥有的社会资本及专业人才通过非市场途径吸引其他创业资源,进行创业活动。

3. 技术型创业的资源需求

技术型创业需要在创业过程中有新颖独特的技术资源支持。对于创业者而言,其技术的先进性与独特性决定了其创业绩效,继而决定其创业是否能够成功。

(二) 创业资源与一般商业资源不同

创业资源与一般商业资源不同,其主要区别表现在以下几个方面。

1. 创业资源比一般商业资源更加有限,其目的在于取得能力优势

创业者的可控资源比一般商业资源更加有限,但面对的市场又是不确定的,先前的经验和社会关系网络极其重要,资源整合和快速学习是弥补新创企业、项目和事业劣势的重要途径。创业资源获取的最终目的在于取得能力优势,它构成持续竞争优势的核心,也是获得创业资金的必需途径。企业的存量资源,可以通过创业精神的持续嵌入,得以活化,从而改变企业的资源流量和态势,甚至跃迁为创业资源,这就意味着组织能力优势的形成有两种渠道:一是通过外部获取;二是整合内部资源。企业内部资源对于获取持续竞争优势而言最为重要,而外部资源的获取构成了强大的支持力量。

2. 创业资源获取以非市场途径居多

一般商业资源获取途径既有市场途径,又有非市场途径。而在创业过程中尤其是企业初创期,创业者掌握的资金资源有限,以市场途径获取资源的难度很大,因而创业资源获取更多是通过非市场途径。

3. 创业资源难以模仿,难以替代

任何一个创业者可控的创业资源都不相同,不同的创业者在创业过程中的创业资源难以模仿,难以替代。

三、社会资本、资金、技术及专业人才在创业中的作用

(一) 社会资本在创业中的作用

社会资本是基于人际和社会关系网络形成的资源。这种资源可以是人力资源的一部分,或者说是特殊的人力资源。"社会联系较多者创业的个人成本较低"是一个公认的事实。社会资本能使创业者有机会接触大量的外部资源,有助于通过网络关系降低潜在的风险,加强合作者之间的信任和信誉。根据斯坦福大学研究中心的一份调查显示:一个人赚的钱,12.5%来自知识,87.5%来自人际关系。

来自中国的调查数据显示,社会交往面广,交往对象趋于多样化,与高社会地位个体之间关系密切的创业者,更容易发现创新性更强的创业机会。

社会资本的作用主要体现在以下几个方面。

1. 主体培养作用

社会资本是培养创业者的摇篮,每个创业者都是在特定的创业环境培养下成长起来的。

首先，人的创业动机是在其所处环境的刺激下产生的。其次，在一定历史时期，客观环境要求产生大批创业者。最后，虽然创业者一开始并不具有创业者的条件和素养，但由于特定的社会资本不断地对创业者施加影响，提高他们的素质，磨炼他们的意志，把他们打造成符合时代要求的合格创业者。

2. 事业依托作用

创业活动需要一个立足之地，即一个开展经营活动的场所，创业者凭借社会资本的依托，构筑起自己的创业大厦和可靠的阵地，使自己有开展创业活动的根据地。

3. 物质保证作用

通过对社会资本的合理利用，创业活动所需要的其他相关资源，可以得到有效的配置。

4. 精神推动作用

社会资本是创业活动的推进器，各种创业活动都是在社会资本的推动下进行的，创业活动不仅需要物质基础作为保证，也需要精神动力的支持，没有后一个条件，创业无法开展。

（二）资金在创业中的作用

资金不仅是企业生产经营过程的起点，更是企业生存发展的基础。在企业的销售活动能够产生现金流之前，企业需要为购买和生产存货支付资金，需要进行广告宣传，需要支付员工薪酬，还可能需要对员工进行培训。另外，要实现规模经济效应，企业需要持续地进行资本投资；加上产品或服务的开发周期一般比较漫长，这就使得新创企业在生命早期，即需要筹集资金。

大学生创业的最大困难之一是缺乏资金。即便已建立若干年的企业，资金链断裂也是企业致命的威胁。据国外文献记载，破产倒闭的企业中有85%是盈利情况非常好的企业，这些企业的倒闭原因主要是资金链的断裂。正如一句企业界的经典名言所说：企业可能不会由于经营亏损而破产清算，却常常会因为资金断流而倒闭。资金对企业，尤其是初创企业来说有着至关重要的地位。

（三）技术在创业中的作用

有研究者指出，在创业初期，技术资源是最关键的创业资源之一。其原因有三个：一是创业技术是决定创业产品的市场竞争力和获利能力的根本因素。二是创业技术核心决定了所需创业资本的大小。对于在技术上非根本创新的创业企业来说，创业资本只要保持较小的规模便可维持企业的正常运营。三是从创业阶段来说，由于企业规模较小，因此对管理及人才的需求度不像成长期那样高。创建企业是否掌握创业需要的"核心技术"或"根部技术"，是否拥有技术的所有权，决定着创业的成本，以及新创企业能否在市场中取得成功。尤其对依托高科技的创业企业而言更是如此。美国的微软公司和苹果公司，最初创业资本都不过几千美元，创业人员也只有几人。它们之所以走向成功，就是因为它们拥有独特的创业技术。所以，创业企业成功的关键首先是寻找成功的创业技术。

很多时候，拥有了核心技术，就拥有了获得资金支持的资本。2005年大学生创业竞赛中，上海交大七彩虹创业团队所持项目——分布式ISP接入方式，通过技术手段实现上网电话费用的降低，可以从当时的每小时两元降到0.07元。有关人士认为这一项目极具市场前景，如能推广，会给风险投资带来丰厚的回报。上海交大学子科技创业有限公司近水楼台先得月，抢先和七彩虹创业团队签了投资协议。

最后，要特别指出的一点是，关于技术外延的理解应该宽广一些，做菜、按摩、养猪等都需要技术，小看这样的技术，将犯十分低级的错误。成都曾有开面馆的六位研究生，虽然在开业前两个月，6个人曾分头到成都大街小巷的面店去"明察暗访"，两个月下来，先后跑了几百家面馆，吃了一千多碗面，发现"成都的快餐最多的还是面条"这样的事实，但他们并没有拥有提供"好味道面"的技术，他们的面"量少、难吃"，四个多月后，面馆怅然转手他人。

（四）专业人才在创业中的作用

曾经有人说过："刚创业时，最先录用的10个人将决定公司成败，而每一个人都是这家公司的十分之一。如果10个人中有3个人不是那么好，那你为什么要让你公司里30%的人不够好呢？小公司对于优秀人才的依赖要比大公司大得多。"

在创业的过程中，专业人才是创业的重要因素，由各种人才组成的创业团队对保证创业过程顺利进行具有重要作用。创新决定创业的生命力，而人才和意识决定创业的创新能力和水平，一个优秀的团队组合正是创业所必需的条件和动力。在创业初期，其他各类资源严重匮乏，相比而言，如何充分利用专业人才获取各项创业资源来开展创业活动是创业企业在创业之初的重点。新创企业必须合理开发与利用人力资源。新创企业要充分认识到企业人力资源管理的特点，根据企业的发展战略分析新创企业人员的供需状况，制定必要的措施，以确保在需要的时间和需要的岗位上获得各种需要的人才，实现人力资源的最佳配置。可以说，新创企业能否进行人力资源的合理开发与利用，以节约成本、提高效率，是企业能否顺利度过初创时期的关键。

四、影响创业资源获取的因素

资源获取是在确认并识别资源的基础上，得到所需资源并使之为创业服务的过程。创业资源获取对于创业成功非常重要。资源获取不仅决定着能否把创业设想转化为行动，而且决定着企业这一契约组织的形成方式。

（一）风险承担性对于创业资源获取的影响

风险承担性是创业者愿意把资源投入到有很高不确定性的项目、活动或解决方案中。风险承担性指的是以个人的冒险倾向和行为表现为更具体风险的方式或是风险较少的方式的一般可能性，所以说风险承担是一个人对待风险的态度或者意愿，最终可以通过风险性行为直接表现出来。风险导向的创业者会首先清楚自身所面临的风险是什么，然后他们会将自身的行为与适当的风险承担进行结合，这避免了企业停滞在固有的模式上。风险承担型的创业者在清楚所处环境的状况后进行资源的投入，他们利用市场的变化寻求价值的最大化。

创业是一个开放的系统，创业者在创业的过程中会遇到许多的困难与风险，他们最终能否创业成功取决于他们如何面对、分析和承担所面临的风险。与此同时，创业的过程中，创业者需要不断地做决策，创业者如何做出正确的决定，对于创业活动能否继续进行是非常重要的，与创业活动一样，资源获取同样存在着风险，资源都是有价的，对于企业发展所必需的关键资源的获取需要付出的可能不仅仅是金融资本，一些关键资源可能是隐性的，它们不能在市场上流通,对于这些关键资源的获取需要付出的成本是难以量化的。因此,能够勇敢面对获取资源时的困难并敢于承担风险的创业者才会更有效地获取所需的资源。

大学生创业者拥有很高的自信程度,从心理学的角度讲,他们更能够去承担风险和挑战。大学生创业者在创业的过程中,需要不断地获取资源来维持和发展自己的企业,而他们获取资源的来源是多种多样的,一般创业者可能会选择相对风险较小、较稳定的方式去获取资源,例如通过亲友等非正式网络关系来获取自己所需的资源。但是,大学生更敢于去选择风险偏大的方式去获取自己所需的资源,这是大学生群体的一个主要特点。

(二) 成就需求对资源获取的影响

成就需求即创业者期望做好企业,进而获得个人的成就满足感,具有这种强烈成就满足感的创业者倾向于对自己的判断、决策及结果负责,成就需求分为两种类型,一种是隐形的,另一种是显性的。隐性需求指的是通过主观的方法进行自我评估;显性需求则指的是通过客观的方式进行自我评估(如调查问卷)。

一般来讲,强烈渴望成功的人更容易发现创业的机会,并且他们在创业的活动中会比那些成功渴望程度低的人做得更好。资源获取是创业活动中的一个重要环节,它贯穿整个创业活动始终,并保证企业资金、人力、物质、信息、技术以及市场资源的流动畅通。成就动机较强的创业者会积极地进行资源获取活动,增强获取资源的能力,提高获取资源的效率。在这个过程中,创业者也能够获得满足感和成就感,这样就形成了一个良性的循环,促使创业者更加积极地进行资源获取。大学生创业者在创业之初年龄为18~25岁,这个阶段的大学生充满自信和对于成功的渴望,同时他们也渴望获得一种成就感和满足感。大学生创业者群体是充满了活力的,由于具有年龄上的优势,大学生是非常敢打敢拼的,所以他们具有很强的成就动机,在创立企业和发展企业的时候会主动地获取自己所需的资源,提高自己的资源获取能力和效率。

(三) 内控源对资源获取的影响

有研究者通过调查375个商学院学生的样本发现,选择创业的学生中大多数是相信内控源的。同时,也有研究发现,具有创业倾向的商学院学生比不具有创业倾向的学生具有更明显的内控型人格特点。大学生创业者具有内控型特质,内控型创业者认为创业成功与否取决于自己的努力程度和能力。因此,大学生创业者具有更大的动力去获取更多的资源,并且为获取企业发展所需的关键性资源做出努力。当企业面临资源短缺的情况时,大学生创业者首先会坚持创业的想法,同时在资源有限的情况下,更为合理地配置已有资源,积极地寻找和开发新资源,从而使企业更好地生存和发展。由于内控型创业者坚信事情的结果是可以通过努力改变的。因此,大学生创业者会不断地提高自身获取资源的效率和能力,进而改善资源获取的结果。

五、创业资源获取的途径与技能

(一) 创业资源获取的途径

创业资源的获取过程是指创业企业或者创业者通过各种可能的途径获得所需的关键资源和重要资源的过程。研究发现,创业者可以通过多种途径获得创业资源,新企业可以购买资源,还可以吸引资源,并能够从企业内部积累资源。研究更进一步明确创业资源获取的途径体现为外部获得资源和内部积累资源,其中外部获得资源包括购买资源和吸引资源。

购买资源指的是创业企业依靠自身的初始资金资源从外部市场中获取资源。创业企业在创业过程中急需某些资源时,可以通过购买外部市场的资源来解决燃眉之急,如新企业为制造型企业,需要大批的熟练技工,这时创业者可以通过在外部市场用较高的价格来购买这部分人力资源,以此维持企业的成长与发展。但是,由于新创企业的资金资源较为有限,所以大部分的新创企业并不能以该种途径获得大部分资源。

吸引资源是指创业企业从外部市场依靠非资金资源来获得资源。创业者可以通过与其他企业的非正式合作或联盟而获取自身缺乏的资源使用权。但是,新企业面临的最大挑战可能恰恰是吸引资源,因为其他企业从未与新企业有过合作,不能准确把握新企业的诚信情况,难免有提供资源的顾虑。这就要求创业者通过自身的人格魅力、诚实的语言、美好的愿景、细致的商业计划书来美化企业形象,借此吸引其他企业为新企业提供资源。这种方式相对于直接购买资源能够节省大量的企业资金资源。因此,创业者通常使用吸引途径来获取创业资源。

资源的内部开发过程可以看作是一种内部资源积累的过程。因为外部市场并不能购买到创业者所需要的全部资源,所以创业企业必须通过使用内部资源而不断沉淀、积累,通过长期使用资源,企业能够不断学习,并开发优越的资源。如在某些技术人员的培养上,其他企业尚无专门研究某项高新技术的人才,创业者只能通过企业内部培养的途径来获取这种人力资源。

(二)创业资源获取的技能

创业资源获取的关键往往取决于软实力。创业软实力是指能够适时为创业提供战略支持、适应创业内外部环境不断变化需求的管理体系和管理思想。软实力是整合和使用创业资源的能力,是创业过程中不可或缺的支撑要素,是实现创业效能最大化的关键能力。软实力可以从资源吸引的能力和水平上得到反映,以软实力为基础的资源吸引、资源积累能力是创业的核心动力,具备这种核心动力的创业,才能具有顽强的生命力。

第二节 创业融资

★学习要点

1. 创业融资难的相关理论;
2. 创业所需资金的测算、渠道;
3. 创业融资的一般过程。

一、创业融资分析

融资,或资本的融通,是指为支付超过现金的购货款而采取的货币交易手段,或为取得资产而集资所采取的货币手段,其有广义与狭义之分。广义的融资是指资本在持有人之间流动,以余补缺的一种经济行为,它是资本双向互动过程,不仅包括资本的融入,也包括资本的融出,即它不仅包括资本的来源,也包括资本的运用。狭义的融资主要是指资本的融入,也就是通常所说的资本来源。具体是指企业从自身生产经营现状及资本运用情况出发,根据企业未来经营策略与发展需要,经过科学的预测和决策,通过一定渠道,采用一定方式,利用内部积累或向企业的投资者或债权人筹集资本,组织资本供应,保证企业生产经营需要的一种经济行为。

（一）创业融资在创业管理中的地位和要求

1. 创业融资是创业管理的关键内容

创业管理是一个动态的、阶段性的管理,涵盖了机会识别、创业计划书撰写、获取创业资源和管理新创企业等阶段。创业融资是获取创业资源这一阶段中的一项重要内容。机会识别阶段需要创业者进行一定的调查和对机会风险的评估,也需要一定的资金支持;创业计划书的撰写阶段虽然不依赖于资金,但也需要资金支持,解决具体撰写过程中的基本资料、分析工具和用具的开支等问题;而管理新创企业阶段毫无疑问需要大量的资金投入;在获取创业资源阶段,就社会资源、资金资源、技术资源和人才资源的关系而言,资金资源是使技术转化为生产力创造经济价值的基础,也是形成和提升社会资源、获取人才资源的必要手段。因此,资金资源是确保创业资源有效发挥作用的重要条件。综上所述,创业融资确保了资金资源的获取,为其他资源的有效整合和功效提升提供了有力的物质条件,也为创业管理各阶段工作的开展提供了物质保障,是创业管理的关键内容。

2. 创业融资在企业成长的不同阶段具有不同的侧重点和要求

创业融资通常不是一次性融资,是伴随着创业企业成长的多次融资,各阶段融资的侧重点和要求也不尽相同。创业融资的各阶段主要包括"种子期""创立期"和"扩张期"。种子期是指对创业企业的创意进行验证和可行性研究的阶段;创立期是指创业企业已成立并进入正式运营、初步形成一定的盈利能力的阶段;扩张期则是指创业企业销量开始增长、企业不断扩张规模的阶段。此时创业企业开始拥有稳定的现金流和稳定的收入,市场信誉已建立,企业处于良性发展中。

种子期创业者主要进行创意的可行性研究、技术开发和市场调研。因此,所需资金量不大,创业融资需求较低。但由于创业企业仍未真实存在,创业成功的不确定性较大,因此,创业融资风险较大,创业者很难取得资金拥有者的投资,更多的可能要来自自身拥有的资金。

创立期企业需要完成正式注册、购置设备、投入生产等一系列活动。资金需求量明显增加,创业融资需求大幅度增加。大幅增加的资金需求单靠创业者自己是难以承担的,需要大量外部资金。但此时的创业企业由于盈利能力和获取现金流能力不强,很难提供良好的信誉和资产担保,使得外部融资难度较大。

进入扩张期,创业企业具有了一定的资金实力,但由于实施大力开拓市场、不断推陈出新的迅速成长战略,创业企业仍存在较大的融资需求,融资的风险依然存在,只是相较于种子期而言略有下降。而当创业企业进入扩张期后期,由于企业自身资金实力提升,对资金的需求不再迫切,融资需求显著减少。同时,企业开始考虑上市等更为宽广的融资方式。

（二）创业融资难的原因分析

1. 创业融资难的理论解释

（1）不确定性理论。不确定性是指事先不能准确知道某个事件或某种决策的结果。首先，商业机会本身不具有确定性。创业者的创业机会不可避免地会受到外界环境的影响，当外界环境发生变化时，机会也会相应丧失。对于创业活动本身而言，由于创业项目尚未实施，或刚开始实施，创业项目受外界环境的影响相对于既有企业项目更大，其市场前景不够明朗。其次，新创企业的利润具有不确定性。多数创业者创业经验缺乏，导致其应对内外部环境变化的能力不足，企业盈利的稳定性较差。再次，创新企业的寿命具有不确定性。前亚洲开发银行驻中国区首席经济学家汤敏就指出："中小企业的存活率很低，即使在发达的美国，5年后依然存活的比例仅为32%，8年后为19%，10年后为13%。"在中国，中小企业的寿命往往更短。

（2）信息不对称理论。信息不对称是指交易中的各方拥有的信息不同，它是经济生活中普遍存在的现象。创业融资中的信息不对称表现为创业者对自身能力、产品或服务、企业的创新能力和市场前景等的了解多于投资者，从而处于信息的优势，投资者则处于信息的劣势。首先，创业者倾向于对创业信息进行保密。创业者在融资时，往往倾向于保护自己的商业机密及其开发方法，特别是进入门槛低的行业的创业者更是如此。其次，新创企业的经营和财务信息具有非公开性。新创企业处于筹建期，或者开办的时间较短，缺乏或只有较少的经营记录、企业规模一般也较小，经营活动的透明度较差，财务信息具有非公开性，使得潜在的投资者很难了解和把握创业者和新创企业的有关信息。再次，高素质的投资者群体尚未形成。由于中国市场经济发展的时间较短，普通大众的投资理念比较保守，尚未形成一个相对成熟的投资者群体，潜在投资者对行业的认识、直觉和经验等也相对缺乏，使得其在选择投资项目时更为谨慎。

2. 创业融资难的困境

（1）创业企业缺少可以抵押的资产。作为新创企业，创业企业本就缺少甚至没有资产，无法进行抵押。同时，由于创业过程中可能存在一定的风险，创业企业缺乏资产保证，所以难以获得资金拥有者的信任，从而使创业融资陷入困境。

（2）创业企业没有可参考的经营情况。创业企业作为一个从无到有的新创企业，没有可供参考的历史经营情况，无法找到可供比较的历史数据，使资金拥有者难以判断创业企业未来的发展状况。因而，不敢提供资金。像可口可乐这样的成熟企业即使在一夜之间被火烧光，也能在一夜之间再建立起来，这是一个没有任何经营状况可供借鉴的创业企业难以做到的。

（3）创业企业的融资规模相对较小。创业企业创业初期的不确定性，使其面临较大风险。因此，最初的融资规模相对较小，这使其可能形成的利息收入水平不高。另外，贷款规模虽小，但管理成本不少于大额贷款，加之较高的还款风险，使创业企业贷款的管理成本平均为大型企业贷款成本的5倍左右。高额的融资管理成本和较大的潜在风险与不高的收入两相权衡，使得资金拥有者对创业企业投资缺乏动力。

二、创业所需资金的测算

创业者在开始融资前，必须对自己的创业项目进行一次投资规划，并根据这个初步的规划估算出整个项目启动时需要投入的资金数，然后根据这个数字，再加上一定比例的不确定因素，最后得出一个准确的数字，进入创业融资阶段。

（一）融资前需要权衡几个因素

1. 创业者的自由和独立的价值最珍贵

创业意味着自己做自己的主人，不需要按照别人的命令行事，这就是创业带给你的独立和自由。作为自负盈亏的独立经营者，创业者所做的每一个决定唯一要考虑的，仅仅是顾客和市场的需求，而不是别人的眼色。

2. 得到基金会削弱创业者的自主权

世界上没有免费的午餐。一旦某些基金贷款给你之后，创业者的经营决策就要受制于人：天使基金会用占用创业者企业股份的方式给创业者投资；银行会要求创业者按期给他们财务报表，还会有业务人员经常来企业"视察"。

（二）必须做好投资规划

1. 千万不要低估项目的潜伏期

再好的经营项目也不会马上就有利润收入。任何创业项目从启动到盈利，都需要一个潜伏期，这个潜伏期的长短，与行业和企业规模有关。企业也和人一样，有它的生命周期，产业在不同的阶段，需要的资金也会有所不同。

2. 设计合理的资金组合有利于降低经营风险

在创业启动资金的组合上，创业指导专家建议有一个合理的资金组合比例。例如，可用的最高资金金额中有1/3是自有资金，外来资金最好不要超过2/3的份额。创业成败的案例表明：如果自有资金不足1/3，创业者和银行的资金风险都会加大。

3. 尽量多地留好储备金

创业必须对从开业到盈利阶段的资金做足够的预算和储备。把资金看成是个人和外来资金各占1/2来估算比较稳妥。因为这个时期的储备金到底需要多少，实在是一个难以确定的数字，但是无可置疑的是，资金断流会导致创业失败。一般需要把企业没有收入的时间按三个月（或者更长）来计算，所以，储备金应不低于三个月的固定成本总和。

（三）创业项目启动资金预测

建议创业者列出一个详细的表格，把创业要投资购买等必需的花费列出一个明细表，以免超出预算，如表4-1所示。

表4-1　创业必需的花费明细表

投资项目	具体内容	估算金额
固定资产投资	地产	0
	+新建厂房	0
	+办公楼房	0
	+场地装修	10万元
	+购置机器	12万元
	+办公设备	4万元
	=投资所需资金	26万元

续表

投资项目	具体内容	估算金额
原材料首期进货	预计原材料库存周围量÷	100万元
	年均原材料周转次数	10次
	=原材料库存所需资金	10万元
经营费用	员工工资（按三个月合计）	9万元
	+房租（押一付三）	8万元
	+开办费	5万元
	=初创期所需流动资金	22万元
合计		58万元

（四）预估创业资金时应注意的问题

1. 要把不确定费用计算进去

在估算创业启动资金时，最后在固定资产和流动资产总和上，还要把总额乘以一个系数作为不确定费用。一般企业的不确定费用按总额的3%~5%估算，建议创业者按5%~10%计算。这个不确定费用，是为了应对那些意料之外的支出。

2. 信念和干劲比贷款更重要

真正的勇士，敢于直面人生的挑战。这个世界上，白手起家的富豪很多，从小做大的企业家数不胜数。创业者必须清楚：政府的创业基金也是一种贷款，虽然条件很优惠，但终究是要还的。其实，还有更合算的融资形式。暂时的资金短缺，也许正是创业者奋力拼搏、争取客户的动力。

三、创业融资渠道

资金缺乏是大部分大学生创业者创业过程中面临的主要问题。而由于受融资信息、信用能力等多种因素的影响，相当多的大学生创业者的创业资金主要来源于"父母支持""朋友合股"等融资渠道。因此，认识与拓展大学生创业融资渠道是大学生创业活动中现实而且紧迫的要求。

（一）个人资金

个人资金是创业者通过积累、继承而形成的资本，对大学生创业者而言，个人资金往往来源于父母。与外部资本相比，创业者的自我积累资本具有两个突出优势。

一是从企业外部寻找投资者会占用创业者大量的精力、时间，并要花费相应的费用；二是一味地遵循投资者的标准会降低创业者构建新企业时的灵活性，而利用自我积累资本能够使创业者最初的创意得以实施。

尽管有些大学生创业者没有动用个人资金就办起了新的风险企业，但这种情况较少。这不仅因为从资金成本或企业经营控制的角度来说个人资金成本最为低廉，还因为在试图引入外部资金，尤其是获得银行、私人投资者以及创业资本家资金的时候，必须拥有个人资本。外部资金的供给者通常认为，如果创业者没有投入个人资金，投资者很可能认为创业者对企业经营不会那么尽心尽力。大学生自有资金往往有限，因此，对于大学生创业者而言，个人资金的投入水平,关键在于创业者的投入占其全部可用资产的比例,而不在于投入资金的绝对数量。

(二) 亲友资金

对于大学生创业活动而言,新创企业早期需要的资金具有高度的不确定性,但由于需求的资金量相对较少,因此,对银行和其他金融机构来说缺乏规模经济性。除了一些特殊情况,机构的权益投资者和贷款人几乎不涉及这一阶段的新创企业。

在这一阶段,对新创企业而言,亲友资金就是常见的资金来源,出于他们与创业者之间的亲情关系,也由于他们易于接触,他们是最可能进行投资的人。尽管从家人或朋友那里获得资金较为容易,但同所有其他资金来源一样,这种融资渠道既有好处,也有如股权稀释、容易给企业贴上家族企业的标签、形成特权股东等潜在的缺陷。虽然获得的资金金额较少,但如果这是以权益资金的方式注入,家庭成员或朋友就获得了企业的股东地位,享有相应的权益和特权。这可能会使他们觉得他们对企业的经营有直接的投入,从而对雇员、设施或销售收入及利润产生负面的印象。

大学生创业者在引入亲友资金时应深入思考,对任何可能发生的问题防患于未然,通过书面文件、严格企业管理规避亲友融资可能出现的风险。

(三) 商业贷款

创业商业贷款是指具有一定生产经营能力或已经从事生产经营活动的个人,因创业或再创业提出资金需求申请,经银行认可有效担保后发放的一种专项贷款。符合条件的借款人,根据个人状况和偿还能力,最高可获得单笔50万元的贷款支持。对创业达到一定规模,还可提出更高额度的贷款申请。期限一般为1年,最长不超过3年。为了支持大学生创业,很多地方政府也指定专门银行,从事与再就业配套的小额贷款,条件比正常贷款业务更优惠。部分金融企业推出的对高校毕业生创业贷款业务,以高校毕业生为借款主体,以其家庭或直系亲属成员的稳定收入,或有效资产提供相应的联合担保,对创业贷款给予一定的优惠利率扶持,视贷款风险度的不同,在法定贷款利率的基础上可适当下浮或小幅度上浮。

商业贷款的优点是利息支出可以在税前抵扣,融资成本低,运营良好的企业在债务到期时可以续贷;缺点是一般要提供抵押(担保)品,还要有不低于30%的自筹资金,由于要按期还本付息,如果企业经营状况不好,就有可能导致财务危机。

大学生申请创业贷款的途径主要有三种:直接向银行申请贷款、申请科技型中小企业贴息贷款和利用新的技术成果或知识产权、专利权进行担保贷款。但是因为银行在对个人申请贷款方面的审核非常严格,特别是注重申请贷款人的偿还能力,大学生刚刚开始创业时,在银行的贷款审核部门看来几乎不具备偿还能力,所以直接向银行申请贷款较为困难。

(四) 政府资助

为支持大学生创业,我国各级政府出台了许多优惠政策,涉及融资、开业、税收、创业培训、创业指导等诸多方面。随着我国经济的发展,政府对创业的支持力度,无论是产业的覆盖面,还是从政府对创业者的支持额度都有了很大的提升,由政府提供的扶持基金也在逐步增加。

如科技型中小企业技术创新基金:经国务院批准设立,用于支持科技型中小企业技术创新的政府专项基金，扶持和引导科技型中小企业的技术创新活动。根据中小企业和项目的不同特点，创新基金的支持方式主要有贷款贴息、无偿资助、资本金投入等。另外，科技部的"863计划""火炬计划"等，每年也会有一定数额的资金用于科技型中小企业的研发、技术创新和成果转化。

中小企业国际市场开拓基金：由中央财政和地方财政共同安排的专门用于支持中小企业开拓国际市场的专项资金。

各省市为支持当地创业经济的发展，也纷纷出台许多政策，支持创业。主要有人力资源和社会保障部设立的开业贷款担保政策、小企业担保基金专项贷款、中小企业贷款信用担保、开业贷款担保、大学生科技创业基金等。

（五）私募与上市

大学生创业者可能的创业资金来源还有私人投资者的私募资金，这些私人投资者可以是富有的个人、亲朋等。这些私人投资者在做出投资决策时，常常征询投资顾问、会计师、技术分析专家或律师等，然后才会做出投资决策。在我国私募方面的立法还不完善，加上较严格的国家金融监管，私募基金在短时间内很难成为一种有效的大学生创业资金募集方式。

创业企业能够公开上市是许多大学生创业者的梦想与愿景。但实际上，公开上市通常是很艰难的事情。创业者必须仔细评价企业是否已经做好公开发行股票的准备，以及企业股票上市的有利之处是否超过其不利之处。在评价上市准备情况时，创业者必须考虑公司的规模、盈余和业绩、市场条件、资金需求的紧迫性，以及现有股东的意愿。在利弊分析过程中，创业者应综合考虑公开发行股票的主要优势（新资本、流动性和价值评估、增强获得资金的能力以及威信）和主要缺点（融资费用、信息的披露、股权的失控和维持增长的压力等）。

根据《创业企业股票上市审核规则》，我国创业型企业上市的基本条件包括以下内容。

（1）申请人为合法存续的股份有限公司；

（2）在同一管理层下，持续经营两年以上；

（3）最近两年内无重大违纪违规行为，财务会计文件无虚拟记载；

（4）申请人符合《创业企业股票发行上市条例》规定的融资金额与股权比例条件；

（5）申请人符合《创业企业股票发行上市条例》《中华人民共和国公司法》（以下简称《公司法》），等其他资产金额与比率、上市流程、治理结构、行业与盈利预期等其他相关条件。

同时，中小企业在深交所上市交易大致要经过改制和设立、上市辅导、申请文件的申报与审核，以及最后的发行与上市的基本程序。首先，中小企业根据《公司法》的规定，依据自身的状况，通过改制或者设立来完成主体资格的转变。拟定改制重组方案后，聘请中介机构对拟改制的资产进行审计、评估；或签署发起人协议和起草公司章程等文件，设置公司内部组织机构，以取得上市资格。在实际操作中，企业虽有多种改制方式，但不管如何改制，都应达到以下要求：具有独立的运营能力，主营业务突出，规范和完善公司法人治理结构，企业改制后的财务制度应符合相关法规、规章的要求。企业在改制过程中，应重点关注业绩连续计算问题。第二阶段为上市辅导及申报与审批阶段，企业聘请辅导机构对其进行尽职调查、问题诊断、专业培训和业务指导，学习上市公司必备知识，完善组织结构和内部管理，规范企业行为，明确业务发展目标和募集资金投向，对照发行上市条件对存在的问题进行整改，准备首次公开发行申请文件。企业和所聘请的中介机构，按照证监会的要求制作申请文件，保荐机构向证监会推荐并申报，证监会对申请文件进行初审，提交股票发行审核委员会审核，报证监会核准。最后，企业才进入股票发行与上市阶段。中小企业的发行申请经证监会核准后，企业应该在指定媒体上刊登招股说明书摘要及发行公告，公开发行股票，提交上市申请，办理股份的托管与登记，挂牌上市。

在创业企业公开上市后，创业企业要保持与金融机构的良好关系，接受证监会、证监会派出机构和交易所对上市公司关于信息披露和实时监控的监管，以保障其上市之后的规范运作。公开发行股票的预测需要很多的计划和考虑，需要大量的财力、物力来完成准备工作。实际上，公开发行股票不是对每一个新创企业都适用。猫扑网的创始人千橡集团 CEO 陈一舟表示：由于大学生创业很多围绕大学校园展开，比如配送行业、电子商务等，眼界较窄、盈利能力较弱。而上市其实是一种融资手段，上市过早过急，对企业发展不利。只有当一个企业不需要大把花钱，手里的项目已经开始赢得丰厚回报的时候，上市才是最好的。

（六）风险投资

风险投资，也被称为创业投资，是一种向极具发展潜力的新建企业或中小企业提供股权资本，并通过提供创业管理服务参与投资对象的创业过程，以及在投资对象发育成熟后以股权转让方式实现高资本增值收益的资本运作方式。从字面上讲，风险投资的称谓源于对英文字面的直译，很容易导致误解，认为风险投资是偏好风险、追求高收益的投资。事实上，风险投资追求的风险并不是传统意义上的风险，对于以盈利为目的的投资机构，追求投资的安全性以及合理风险下的投资回报是其关注的问题。从本质上讲，风险投资是一种支持创业活动的投资制度创新。

第一，投资方式以股权投资为主，为新创企业提供"收益共享、风险共担"的长期股权资本；

第二，投资周期较长，风险投资的目的不在于获取近期财务利润，而在于当投资对象的市场评价较高时，通过股权转让活动，一次性地为投资者带来尽可能多的市场回报，即取得中长期资本利润；

第三，它不只是一种投资行为，而是集资本融通、创业管理服务等诸多因素于一体综合性经济活动，投资后风险投资机构一般要通过参加董事会，派驻财务人员和高层管理人员等方式，对投资项目进行项目监管，为新创企业提供增值服务。

与许多提供给创业者资金的其他渠道相比，风险投资商有自己不同的目标。比如，借贷者关心资金的安全性和偿还性；作为所投资企业的部分所有者，风险投资家最担心的是投资安全性与资本回报。所以，他们常常花很多时间来权衡投资的风险和收益，特别是对产品或服务的潜力以及管理方的能力要素的衡量。

风险企业要成功获取风险资本，首先，要了解风险投资公司的基本运作程序。风险投资商往往会收到很多的项目建议书，而投资商经过严格审查、精细筛选，最终挑出个别的优秀项目进行投资，可谓百里挑一。

（七）租赁

租赁分为融资租赁和经营租赁。

融资租赁是资产的所有者（出租人）与资产的使用者（承租人）就资产的使用所签订的不可撤销的合同约定，它定义了所有相关的条款，包括租金额、租期和付款周期等。一般租赁交易由三方（出租人、承租人和供货商）参与，由两个合同（租赁合同和购买合同）构成。融资租赁交易是一种价值和使用价值分别实现，所有权和使用权分离的交易方式。

融资租赁的期限一般在五年以上，又称为财务租赁或资本租赁。与经营租赁相比，融资租赁有以下特点：第一，承租人提出申请，出租人引进承租人所需设备后将其出租给承租人；第二，租赁合同比较稳定，不得随便变更；第三，租约期满后，可将设备作价转让给承租人，可由出租人收回，也可延长租赁期限；第四，租赁期内，出租人一般不提供设备维修和保养方面的服务。

经营租赁是由出租人向承租企业提供租赁设备，并提供设备维修保养和人员培训等服务性业务，经营租赁的期限较短。承租企业采用这种租赁方式的目的，主要不在于融通资本，而是为了获得设备的短期使用以及出租人提供的专门性技术服务。从承租企业无须先融资再购买设备即可享有设备使用权的角度来看，经营租赁也有短期融资的功效。

经营租赁的期限一般在五年之内，其主要特点：一是承租人可以随时向出租人提出租赁资产的要求；二是在设备租赁期间，如有新设备出现或不需要租人设备时，承租企业可以按规定提前解除租赁合同，这对承租企业比较有利；三是租赁期满后，租赁资产一般返还给出租人；四是出租人向承租人提供专门服务。

四、创业融资的选择策略

（一）了解融资方式

"巧妇难为无米之炊"，对新创企业的大学生创业者而言，对融资方式的了解与认识比任何时候都更加紧迫。对大学生创业者而言，对融资方式的考察应着眼于债务融资与股权融资的比较、内部融资与外部融资的差异上。

1. 股权融资与债权融资

企业的全部资本，按属性不同可以分为股权资本和债权资本两种类型。这是由企业资本的所有权决定的。正确认识这两类资本的内容和属性，有利于安排它们之间的比例关系。

所谓债权融资是指利用涉及利息偿付的金融工具来筹措资金的融资方法，通常也就是贷款，其偿付性只是间接地与企业的销售收入和利润相联系。典型的债权融资一般都需要某种资产作抵押，也就是通常所说的抵押贷款。

债权融资要求创业者不仅要归还借到的全部资金，而且还要按事前约定的利率支付利息，有时债权融资还附有资金的使用或使用条件的限制，债权融资从时间期限划分还可以分为短期融资与长期融资，创业企业的短期融资往往充当流动资金，而长期融资往往用于购买固定资产。债权融资令创业者持有企业较多的股份，从而在股份权益上获得更大的回报，特别是利率低迷时更是如此。

股权融资无须资产抵押，它赋予投资者在企业中某种形式的股东地位。投资者分享企业的利润，并按照预先约定的方式获得资产的分配权力。与债权融资相比，股权融资筹措资金具有永久性、无到期与归还性以及无固定股利负担等特点，是企业筹措资金、保障经营现金流的重要手段。但因为它牵涉企业最核心的所有权问题，创业者应灵活运用与慎重考虑。

2. 内部融资和外部融资

企业应在充分利用了内部融资之后,再考虑外部融资问题。内部融资是指在企业内部通过留用利润而形成的资本来源。内部融资是在企业内部"自然地"形成的,因此被称为"自动化的资本来源",一般无须花费筹资费用。对于新创企业而言,内部融资主要来源于创业者自己的积累。对于一个新创企业,启动阶段的利润一般都全部再投资到企业经营中去,创业者很少指望在初期岁月里得到回报。常见的内部融资来源可以是利润、存货抵押、资产出售,甚至延期的应付款等。

资金的另一个来源就是企业外部融资。外部融资是指企业在内部融资不能满足需要时,向企业外部融资而形成的资本来源。处于初创期的企业,内部融资的可能性是有限的。处于成长期的企业,内部融资往往难以满足需要。因此,企业就需要开展外部融资,需要花费融资费用。常见的外部融资来源有吸收投资者投入资金、亲友资金、银行借贷、政府资助、私募以及上市等,而对外部融资渠道的评估可以从资金可用的时间长短、资金成本以及公司控制权的丧失程度三个要素展开。

(二) 创业融资的基本原则

对于新创企业而言,融资是极为重要复杂的环节,为了有效地筹集资本,企业需要以较低的融资成本付出较小的融资风险,获取较多的资本,为此需要遵循以下四个原则。

1. 效益性原则

企业在融资中,需要在充分考虑投资效益的前提下,综合研究各种筹资方式,寻求最优的融资组合,以降低资本成本。

2. 合理性原则

创业者应该合理确定资本结构,主要包括合理确定股权资本与债权资本的结构、合理确定长期资本与短期资本的结构。

3. 及时性原则

企业融资必须根据企业资本投放时间安排予以谋划,及时地取得资本来源,使融资与投资在时间上相协调,避免因资金筹集不足而影响生产经营的正常进行,防止资金筹集过多、资金闲置而造成资金使用成本上升。

4. 合法性原则

企业必须遵守国家有关法律法规,依法履行约定的责任,维护利益相关主体的权益,避免非法融资行为。

(三) 把握风险投资的方法

1. 风险投资的一般过程

风险企业要成功获取风险资本,首先,要了解风险投资公司的基本运作程序。风险投资商往往会收到很多的项目建议书,而投资商经过严格审查、精细筛选,最终挑出个别的优秀项目进行投资,可谓百里挑一。虽然每一个风险投资公司都有自己的运作程序和制度,但总的来讲包括以下几个步骤。

(1) 初审。风险投资家在拿到创业计划书后,往往只用很短的时间,走马观花地浏览一遍,以决定在这件事情上花时间是否值得。因此,第一感觉特别重要,创业计划书及计划本身必须有吸引他的东西，才能使之花时间仔细研究。

（2）风险投资家之间的磋商。在大的风险投资公司，相关的人员会定期聚在一起，对通过初审的项目建议书进行讨论，决定是否需要进行面谈，或予以回绝。

（3）面谈。如果风险投资家对创业提出的项目感兴趣，他会与创业者接触，直接了解其背景、管理队伍和企业，这是整个过程中最重要的一次会面。如果进行得不好，交易便宣告失败。如果面谈成功，风险投资家会希望进一步了解更多的有关企业和市场的情况，或许他还会动员可能对这一项目感兴趣的其他风险投资家。

（4）责任审查。如果初次面谈较为成功，风险投资家接下来便开始对创业者的经营情况进行考察，以及尽可能多地对项目进行了解。他们通过审查程序对意向企业的技术、市场潜力和规模，以及管理队伍进行仔细的评估，这一程序包括与潜在的客户接触、向技术专家咨询并与管理队伍举行几轮会谈。它通常包括参观公司，与关键人员面谈、对仪器设备和供销渠道进行估价。它还可能包括与企业债权人、客户、相关人员以前的雇主进行交谈。这些人会帮助风险投资家做出关于创业者个人风险的评价。

（5）条款清单。审查阶段完成之后，如果风险投资家认为所申请的项目前景较好，那么便可开始进行投资形式和估价的谈判。通常创业者会得到一个条款清单，概括出谈判将要涉及的内容。整个谈判过程可能要持续几个月。因为，创业者可能并不了解谈判的内容，他将付出多少，风险投资家希望获得多少股份，还有谁参与项目，对他以及现在的管理队伍会发生什么。对于创业者来讲，要花时间研究这些内容，尽可能将条款减少。

（6）签订合同。风险资本家力图使他们的投资回报与所承担的风险相适应。根据切实可行的计划，风险资本家对未来3~5年的投资价值进行分析。风险投资供求双方基于各自对企业价值的评估，通过讨价还价后，双方进入签订协议的阶段。双方签订代表创业者和风险投资家双方愿望和义务的合同。一旦最后协议签订完成，创业者便可以得到资金，以继续实现其经营计划中拟定的目标。

（7）投资生效后的监管。投资生效后，风险投资家便拥有了风险企业的股份，并在其董事会中占有席位。多数风险投资家在董事中扮演着咨询者的角色，主要就改善经营状况以获取更多利润提建议，帮助企业物色新的管理人员（经理），定期与创业者接触以跟踪了解经营的进展情况，定期审查会计师事务所提交的财务分析报告。由于风险投资家对其所投资的业务领域了如指掌，所以其建议会很有参考价值。为了加强对企业的控制，在合同中通常加有可以更换管理人员和接受合并、并购的条款。

2. 与风险投资商打交道

创业者应该以职业的经营姿态去接触风险投资商。因为，风险投资机构收到成百上千的项目经营计划书，往往会走出办公室，与其他投资公司一起工作，或者研究潜在的投资机会。因此，一开始就保持良好的关系是非常重要的。创业者应当联系所有潜在的风险投资商，向他们证实自己的企业正是其投资兴趣所在，然后再递交计划书，附上言简意赅的相应材料。

由于风险投资商收到的投资计划数远远超过其投资能力，大量的计划书将被筛选出局。对受到推荐的计划书，他们给予关注，并投入更多的时间和精力。因此，创业者花时间寻找能够并愿意将自己推荐给风险投资者的推荐人是非常值得的。一般而言，推荐者可能是组合投资公司的经理、会计师、律师、银行家和大学商学院教授。

在实施真正的接触时,创业者应该清楚一些基本的行为准则。例如"六要六不要"。六要是,要对本企业和本企业的产品以及服务持肯定态度,并充满热情;要明了自己的交易底价,并在必要时果断离开;要牢记自己和创业投资者之间要建立的是一种长期合作伙伴关系;要只对自己可以接受的交易进行谈判;要了解创业投资者(谈判对象)的个人情况;要了解创业投资者以前投资过的项目及其目前投资组合的构成;六不要是,不要逃避投资者所提的问题;回答创业投资者问题时,不要模棱两可;不要对创业投资者隐瞒重要问题;不要期望创业投资者对"是否投资"立即做出决定;在交易定价上,不要过于僵化死板(要有灵活性);不要带律师参加谈判,以免在细节上过多纠缠。

第三节　创业资源管理

★学习要点

1. 创业资源融合和有效使用的方法;
2. 创业资源开发的技巧和策略。

一、不同类型资源的开发

创业者所能掌握和整合到的资源,以及对资源的利用能力,很大程度上决定了他们是否可以成功地创造出机会,进而推动创业活动向前发展。因此,创业者整合创业资源的能力显得至关重要。然而,由于大部分创业者是在资源缺乏的情况下创业的,最初的创业资源主要来自自己和家庭成员,因此,创业初始资源显著匮乏。此外,由于创业者没有历史业绩可供参考、缺乏有效的资产用于抵押、缺乏控制创业风险的经验,以致创业的未来收益具有较大的不确定性,这种不确定性使其在吸引创业所需人力、财力、技术等外部资源时难度加大,获取外部资源的可能性降低。这种原始资源的天然劣势和较高的外部资源的不可得性,使大多数创业者难以整合到充足的创业所需的资源。

尽管创业者面临着资源匮乏的难题,但实际上创业者所拥有的创业精神、独特创意以及社会关系等资源,却同样具有战略性。因此,对创业者而言,难以整合到充足的创业所需的资源,并不意味着失去创业的机会。如果创业者可以借助自身的创造性,用有限的资源创造尽可能大的价值,并能积极开发和整合各类外部资源,就能在资源有限的情况下,充分发挥资源整合效应,创造出"1+1+1>3"的功效,从而实现创业的成功。如马云等优秀创业者的成功,也以事实证明了这一点。

二、有限创业资源的创造性利用

有限创业资源的创造性利用是指用手头现有资源直接行事,其包含3个层面的含义:一是强调手边资源的重要性,而不仅仅是努力去寻求新的资源;二是这是一种立即行动的行为,也就是积极快速应对当前的问题或机会,而不是拖延或过于深思熟虑;三是强调对各种资源的重新整合,目的在于将现有资源用于新的用途,从而解决新问题或利用新机会。

在有限创业资源的创造性利用和整合过程中,创业者需要注意做好以下几项工作,以实现资源整合的最佳效果。

(一) 尽可能多地发现和确定可供整合的资源提供者

资源整合的前提是有可供整合的资源,这就要求创业者寻找到可以提供资源的对象。要找到这些对象,途径之一是找到少数拥有丰富资源的潜在资源提供者,如政府、大公司等,这一途径对创业者而言往往没有优势;途径之二是尽量多地找潜在资源提供者,可以是政府、原来项目合作的公司、有相关闲置产能的企业等。

(二) 认真分析识别潜在资源提供者的利益,明确共同利益所在

资源提供者愿意为创业者提供资源的根本原因在于他可以因此而获得利益。因此,要想从资源提供者手中得到资源,就必须知道资源提供者的利益诉求是什么。要想进行资源整合,就必须认真分析潜在的资源提供者各自的利益诉求,这些利益诉求各自的关键点是什么,相互之间是否存在联系,存在怎样的关系。在明确以上问题的基础上,准确找出共同的利益所在,一旦不同诉求的组织或个人之间存在共同利益,或建立起紧密的利益联系,就成为利益相关者。这将促使他们形成一种合作机制,合作机制的存在将促进资源整合的实现。

(三) 努力形成让对方先赢、自己再赢的整合机制,形成共赢机制

资源能够整合到一起,需要合作。合作需要双赢,甚至是共赢。然而,合作总要有一个开始,在没有合作基础的前提下,一开始就双赢并不容易。对于创业者而言,在积极寻求资源的过程中,要想得到最终的共赢,首先要争取形成让对方先赢的良好局势,以确保与对方合作的稳定性,并吸引对方提供更多资源,以便创业者进行更大规模的资源整合。同时,也为自己建立良好的合作声誉,获取对方的信任,从而形成稳定的资源整合机制,最终实现共赢目标。这正如老洛克菲勒的一句名言:"建立在商业基础上的友谊永远比建立在友谊基础上的商业重要。"

(四) 沟通

在整合资源的过程中,与各方沟通是必不可少的。因此,创业者必须与各方建立顺畅的沟通机制,派出具有一定沟通能力的团队成员负责与各方沟通,这将成为整合资源成功与否的关键因素。有研究结论可以很直观地证明沟通的重要性,就是两个70%。

第一个70%,是指调查研究得出创业者们有大约70%的时间用在与人沟通上。管理者每日的开会、谈判、协商、拜见供应商或约见合作伙伴等都是最常见的沟通形式。此外,撰写计划书和各类文字材料,其实也是一种书面沟通方式。

第二个70%,是指企业中70%的问题是由于沟通机制不顺畅而造成的。例如,创业企业中常见的问题——执行力低下的本质原因就是缺乏沟通或管理者不懂得沟通。企业之间商业交往能否成功在很大程度上也跟创业者沟通能力的优劣有关。无论是人与人之间,还是企业与企业之间的良好感情的建立,都是双方持续不断地顺畅沟通的结果。创业企业整合资源的过程就是与企业内部和外部的资源供给者充分沟通的过程。在企业外部,创业者需要与外

部的投资者、银行、各级政府机关、媒体、同行业者、消费者、供应商，通过沟通建立联系，获得信任，消除利益分歧，争取对方的扶持与帮助，取得共赢的结果；在企业内部，创业者须通过顺畅沟通，鼓舞员工士气，争取员工团结，消除员工不满，提升企业运营效率与业绩。

三、创业资源开发的推进方法

成功的创业者在其开发创业资源的过程中都表现出一些独特的创业行为，为有效推进创业资源开发，以下介绍几种常用创业资源开发的推进方法。

（一）依靠自有资源"步步为营"

依靠自有资源"步步为营"主要是指在缺乏资源的情况下，创业者分多个阶段投入资源，并在每个阶段或决策点投入最少的资源，如果成功，则扩大投入；如果不成功，则马上停止，稳扎稳打，确保最后的成功。步步为营的策略首先表现为节俭，设法降低资源的使用量，降低管理成本。但必须注意的是，降低成本不是以牺牲产品和服务质量为代价的。如果降低成本已经影响到产品和服务质量，则势必将对创业企业的未来发展造成影响。例如，为了求生存和发展，有的创业者不注重环境保护，或者盗用别人的知识产权，甚至以次充好，这样的创业活动尽管短期可能赚取利润，但长期而言，发展潜力有限。因此，需要有原则地保持节俭。此外，在创业的过程中，当创业者难以获得外部资金，而又不愿丧失企业控制权的时候，不妨采用"步步为营"的方法，可以减少创业企业自身所承担的风险，创造一个更高效的企业，同时也能增加创业者的收入和财富。

（二）资源约束下的"创造性拼凑"策略

拼凑策略，即面对资源的约束。创业者忽视正常情况下被普遍接受的有关物质投入、惯例、定义和标准的限制，利用手边存在的、在他人看来无用的、废弃的资源，通过巧妙的整合，实现自己的目标。创造性拼凑策略的内容包括三个要点：善于利用手边已有资源、整合资源用于新目的、将就使用。

（三）发挥资源的杠杆效应

以上两个策略都是针对现有资源的开发和整合而言的。然而，创业企业的发展需要社会资本、资金、技术和专业人才等各种资源，仅靠开发现有资源很难满足创业企业的资源需求。因此，创业者还需要探索新的、潜在的资源，杠杆效应在探索新的、潜在的资源方面具有特殊的功效。杠杆效应是指以尽可能少的付出获取尽可能多的收获，具体体现在：更充分地利用别人没有意识到的资源，能比别人更加延长地使用资源，将一种资源加入另一种资源获得更高的复合价值，利用一种资源获得其他资源。

思考与练习

一、名词解释

1. 创业资源
2. 社会资本
3. 风险投资

二、简答题

1. 创业资源按性质可以分为哪几类？比较创业资源与一般商业资源的异同。
2. 简述获取创业资源的途径及影响创业资源获取的因素。
3. 创业资源在创业中有什么作用？简述创业资源开发的推进方法。
4. 简述创业企业出现融资难的原因，概述创业融资的渠道。

三、实训题

1. 实地调查一家创业企业，了解其创业过程中所需要资源的种类，及其获取方式和技巧；了解其创业所需的资金数目及资金来源；分析其融资方式的优劣，并写出对你的启示。
2. 如果你也准备创业，写下你可能拥有的融资渠道，分析其中的优缺点。并分析在企业成长的不同阶段具有哪些不同的侧重点和要求？
3. 如果你进行创业，你将从哪些途径获取创业资源？如何将创业资源得到创造性利用？在这个过程中需要注意哪些原则和技巧？
4. 展开想象力，写下如果你进行创业，你该用什么途径进行人脉资源的开发？又该如何进行客户资源的开发，如何开拓新客户和留住老客户。

四、案例分析

1. 如何三分钟打动投资人？

陈宏是汉能投资集团董事长兼首席执行官，在由《创业家》主办的创业沙龙上，他讲了如何在短时间内打动投资人的沟通技巧，后文为陈宏的讲话实录。

前一阵子我担任一个创业比赛的评委，第二名有两个团队，分数一模一样。为了区分第二和第三，我们给两个创业者一人一分钟做简报。简报完双方得票是5∶0，五个评委都投给同一个人。为什么？因为那个人会表达，1分钟之内把自己的激情、梦想讲得很感人。

马云曾经说过，创业者要在5分钟敲定五百万。5分钟的确有点儿夸张，但是在有限的时间之内打动投资人，让他们有兴趣持续投资，这是非常重要的。

我过去在美国硅谷创业，公司在美国上市前，就为了30分钟的演讲，专门请顾问对我进行好几天训练。30分钟演讲，15分钟回答，问完以后投资人就走了，人家都记不住你是谁。这拨人在几天之后就要下单，决定要不要买你公司的股票。如果你讲不清楚，拿不到足够的认购订单，公司就上不了市。

沟通是一门功夫，我认识周鸿祎（奇虎360董事长）十几年了，当时他做3721"网络实名"（直接在网页的网址处打上中文即可链接目标网站的网络服务）不久，那时候他也是讲不清楚的，但现在也锻炼出来了。有时候非常好的工程师做出非常好的东西，但就是讲不出来自己的好处和优势，这是很吃亏的。你融资融得好，公司可能就活下来了、成功了，否则可能就死了。

据UT斯达康公司创始人吴鹰回忆，马云约见软件银行集团的时候，对方只给了他6分钟演讲。马云拿了半张纸，把主要几点写在了上面。马云用上了他的语言天赋，用英文讲电子商务，吴鹰都听得云山雾罩，觉得这个人很有热情，讲得也很清楚。而且马云非常自信地讲。"我不缺钱"（当时已拿到高盛集团的500万美元）。马云讲完后，现场的投资人一致看好他。后来，马云拿到了软件银行集团的1 800万美元投资，2003年又拿到了5 000万美元的追加投资。

思考：如果你要创业，如何在五分钟内打动投资人，让他投资？

2. 如何选择企业？

陈玮是东方富海公司的董事长，有多年的创业投资经验，至2012年年底累计投资100亿元。陈玮是这样总结其投资选人经验的：

这么多年来，我投资失败的企业80%与人有关系，成功的企业也是与人有关系。那么怎么看人呢？同时具备三种特质的人会比较容易成功。

第一是大气的人。我们看团队希望他们在一起工作三年以上，而且这个团队是不断有人加入的，核心管理层有股份。一个公司，如果大股东占99%的股份，其他三个股东只有1%的股份，法律上没问题，但你瞅着很别扭。如果企业每半年换一个财务总监，那基本上没办法投资。第二是一根筋的人。在中国创业，一辈子专心致志做好一件事不容易，所以专注很重要。第三是好面子的人。老板一定要好面子，有责任敢于担当，因为有的企业有上万人，老板做出一个不好的决策就会影响到上万人。同时具备上述三种特质的人相对比较容易成功。最容易拿到钱的是什么样的团队？就是唐僧带的团队。第一个是唐僧本事不大，他只知道到西天取经这一件事儿，这辈子一定要完成。第二个就是有一个孙悟空CEO，他也不想这么辛苦，但有一个紧箍咒约束他，取完经以后就能成佛，而且本事也大。第三个还要有一个沙和尚这样的人，本事一般，但是遵守纪律，让干什么都干，执行力特别强。另外还有一个猪八戒，猪八戒有两个毛病：一个是好色，一个是好吃懒做，但他的小手脚全部都在桌面上，没有在桌子底下。这种人也挺可爱的，你要用好了，他就能发挥出自己的本事。

有两种创业者最容易拿到钱。第一种是领袖型创业者，有理想、有气质、有口才、会引导、有激情、能让员工死心塌地跟着干。第二种是独裁型创业者，有目标、有办法、有干劲、敢承担、敢拍板、敢骂人、敢让员工一天工作24小时。大家记住，政治上要讲民主，做企业要讲集中。

思考：如你创办企业，你要如何组建你的团队，如何让团队拿到更多的钱？

第五章

创业计划

★引导案例

郭涛原毕业于某名牌大学,经过多年的业余研究,他在室内环境污染治理方面取得了一项重要突破,这项技术如果得到应用,前景非常广阔。

于是郭涛便辞去原来的工作,准备自己创业。但由于多年的积蓄都用在了室内环境污染治理的研究上,在七拼八凑注册了一家公司后,已经无力招聘员工、购买实验试验材料了。无奈之下,郭涛想到了风险投资基金,希望通过引入合作伙伴的方式解决困境。为此,他多次与风险投资机构或个人投资者接洽商谈,虽然郭涛反复强调他的技术多么先进,应用前景多么广阔,并保证投资他的公司回报绝对低不了,却总是难以令对方相信。

而且郭涛也没有办法提供投资人问到的许多数据,如市场需求量具体有多少,一年可以有多大的销售量,投资后年回报率有多高,等等。就连招聘一些技术骨干也比较困难,这些人也总是对公司的前景缺乏信心。

这时,郭涛的一位做管理咨询的朋友一句话点醒了他:"你的那些技术有几个投资者搞得懂?你连一份像样的创业计划书都没有,怎么让别人相信你?投资者凭什么相信你?"

于是,在向相关专家咨询后,郭涛又查阅了大量的资料。然后静下心来,从公司的经营宗旨、战略目标出发,对公司的技术、产品、市场销售、资金需求、财务指标、投资收益、投资者的退出等方面进行了分析和论证,当然在这个过程中,他还进行了一些市场方面的调查。

一个月后,郭涛就拿出了一份创业计划书初稿,经过几位相关专家的指点,郭涛再次对其进行了修改和完善。凭着这份创业计划书,郭涛不久就与一家风险投资公司达成了投资协议,有了风险投资的支持,员工招聘问题也迎刃而解。现在,郭涛的公司经营得红红火火,年销售利润已达到500万元。

回想往事,郭涛感慨地说:"创业计划书的编制与我搞的环境污染治理材料要求差不多，绝不是随便写一篇文章的事。编制计划书的过程就是我不断理清自己思路的过程。只有企业家自己思路清楚了，才有可能让投资人、员工相信你。"

第一节　创业计划

★学习要点

1. 创业计划的作用；
2. 创业计划的基本内容和基本结构；
3. 市场调查的内容和方法。

一、创业计划的作用

创业计划又称"商业计划"，简言之，就是创业打算如何付诸实施。将创业计划显性地形成文字的材料，就是创业计划书。创业计划书不仅是团队内部思想的沉淀，而且是与投资人沟通的主要载体。创业计划有如下三方面的作用。

（一）创业计划是创业者把握企业发展的总纲领

创业者应该首先确立明确的目标，包括经营策略与步骤、市场调查与分析、企业管理与前景展望等。为了使创业行动有章可依，创业计划应运而生。创业计划的写作过程，也是一个不断调整思路与策略的过程。在这一过程中，创业者或者改变销售策略，或者更新经营思路，或者认识到某一方面的错误与不足，甚至改变了总目标下的某一分支，这都有利于企业良性发展。总之，对创业者来说，创业计划无异于总纲领和总路线。

（二）创业计划是帮助创业者凝聚人心的重要依据

一份完美的创业计划可以增强创业者的自信，使创业者明显感到对经营更有把握。因为创业计划提供了企业全部的现状和未来发展的方向，也为企业提供了良好的效益评价体系和管理监控指标。创业计划使得创业者在创业实践中有章可循。

创业计划通过描绘新创企业的发展前景和成长潜力，使管理层和员工对企业及个人的未来充满信心，并明确要从事什么项目和活动，从而使大家了解将要充当什么角色、完成什么工作，以及自己是否胜任这些工作。因此，创业计划对于创业者吸引所需要的人力资源具有重要作用。

（三）创业计划是投资者决定是否投资的重要参考

从融资角度来看，创业计划通常被喻为"敲门砖"。在一份详细的创业计划中，往往包含了投资者所需要的信息：该企业的实现业绩和发展远景，市场竞争力和优劣势，企业资金需求现状和偿还能力，以及创业者及其团队的能力和阵容，等等。这些都是投资者关心的重点，是他们衡量企业实力和潜力的依据，并以此作为是否对企业投资的重要参考。即便创业者无意寻求外部融资，那也需要一份有侧重点的创业计划，这样可以避免创业初期的散乱局面，减缓创业者的茫然情绪。

二、创业计划的基本内容

（一）战略计划

企业战略是公司生产、销售策略的总体概括。创业者应该对如何成功地经营创业企业，并使之与众不同有一个指导性的原则。

战略计划的内容应包括以下三点。

1. 企业概述

企业成立的时间、形式与创业者，创业团队简介，企业发展概述。

2. 企业目标

即企业奋斗的方向和所要实现的理想。

3. 进度安排

公司的进度包括以下领域的重要事件：收入、市场份额、产品开发介绍、主要合作伙伴、融资计划等。

（二）产品与服务

在进行投资项目评估时，投资人最关心的问题之一就是，风险企业的产品、技术或服务能否以及在多大程度上解决现实生活中的问题，或者风险企业的产品（服务）能否帮助顾客节约开支，增加收入。因此，产品介绍是创业计划中必不可少的一项内容。通常，产品介绍应包括以下内容：产品的概念、性能及特性；主要产品介绍；产品的市场竞争力；产品的研究和开发过程；发展新产品的计划和成本分析；产品的市场前景预测；产品的品牌和专利。

（三）市场分析

当企业要开发一种新产品或向新的市场扩展时，首先就要进行行业与市场分析。如果分析与预测的结果并不乐观，或者分析与预测的可信度让人怀疑，那么投资者就要承担更大的风险，这对多数风险投资家来说是不可接受的。

在创业计划中，市场分析应包括以下内容：市场现状综述、竞争厂商概览、目标顾客和目标市场、本企业产品的市场地位、市场特征等。创业企业对市场的分析应建立在严密、科学的市场调查基础上。创业企业所面对的市场，本来就有更加变幻不定的、难以捉摸的特点。因此，风险企业应尽量扩大收集信息的范围，重视对环境的预测和采用科学的预测手段和方法。大学生创业者应牢记的是，市场分析不是凭空想象出来的，对市场错误的认识是企业经营失败的最主要原因之一。

（四）公司组织

有了产品、市场分析之后，创业者第二步要做的就是结成一支有战斗力的管理队伍。企业管理的好坏，直接决定了企业经营风险的大小。而高素质的管理人员和良好的组织结构，则是管理好企业的主要保证。

一个企业必须具备负责产品设计与开发、市场营销、生产作业管理、企业理财等方面的专门人才。在创业计划中，必须对主要管理人员加以阐述，介绍他们所具有的能力，他们在本企业中的职务和责任，他们过去的详细经历及背景。此外，在这部分创业计划中，还应对公司结构做一简要介绍，包括：公司的组织机构；各部门的功能与责任；各部门的负责人及主要成员；公司的报酬体系；公司的股东名单，包括认股权、比例和特权；公司的董事会成员；各位董事的背景资料。

（五）市场营销

营销是企业经营中最富挑战性的环节，影响营销策略的主要因素有消费者的特点、产品的特性、企业自身的状况、市场环境方面的因素。最终影响营销策略的则是营销成本和营销效益因素。

在创业计划中，营销策略应包括以下内容：市场机构和营销渠道的选择、营销队伍和管理、促销计划和广告策略、价格决策。

对创业企业来说，由于产品和企业的知名度低，很难进入其他企业已经稳定的销售渠道中去。因此，企业不得不暂时采取高成本、低效益的营销战略，如上门推销、商品广告、向批发商和零售商让利，或交给任何愿意经销的企业销售。对发展企业来说，它一方面可以利用原来的销售渠道，另一方面也可以开发新的销售渠道以适应企业的发展。

（六）生产计划

创业计划中的生产制造计划应包括以下内容：产品制造和技术设备现状；新产品投产计划；技术提升和设备更新的要求；质量控制和质量改进计划。

在寻求资金的过程中，为了增大企业在投资前的评估价值，自主创业者应尽量使生产制造计划更加详细、可靠。一般的生产制造计划应回答以下问题：企业生产制造所需的厂房、设备情况如何；怎样保证新产品在进入规模生产时的稳定性和可靠性；设备的引进和安装情况，谁是供应商；生产线的设计与产品组装是怎样的；供货者的前置期和资源的需求量；生产周期标准的制定以及生产作业计划的编制；物料需求计划及其保证措施；质量控制的方法是怎样的以及相关的其他问题。

（七）财务计划

财务计划需要花费较多的精力来做具体分析，其中就包括现金流量表、资产负债表以及损益表的制备。流动资金是企业的生命线，因此企业在初创或扩张时，对流动资金需要有周详的计划和进行过程中的严格控制；损益表反映的是企业的赢利状况，它是企业在一段时间运作后的经营结果；资产负债表则反映在某一时刻的企业状况，投资者可以用资产负债表中的数据得到的比率指标来衡量企业的经营状况以及可能的投资回报率。

财务计划一般要包括以下内容：创业计划的条件假设、预计的资产负债表、预计的损益表、现金收支分析、资金的来源和使用。可以这样说，一份创业计划概括地提出了在筹资过程中，自主创业者需要做的事情，而财务规划则是对创业计划的支持和说明。因此，一份好的财务规划对评估风险企业所需的资金数量，提高创业企业取得资金的可能性是十分关键的。如果财务规划准备得不好，会给投资者以企业管理人员缺乏经验的印象，降低风险企业的评估价值，同时也会增加企业的经营风险。

三、创业计划的基本结构

一份详细的创业计划的框架通常由九部分构成。表 5-1 提供了一份标准创业计划的大纲，在实际撰写过程中，可以根据具体情况与撰写风格进行适当、灵活的调整。

表 5-1　标准创业计划大纲

1. 执行概要	5. 产品实现
2. 企业描述	A. 产品生产制造方式
A. 企业的一般描述	B. 生产设备情况
B. 企业理念	C. 质量控制
C. 企业的发展阶段（针对已创办的企业）	6. 管理团队
3. 产品与服务	A. 管理机构
A. 产品/服务的一般描述	B. 关键管理人员
B. 产品/服务的竞争优势	C. 激励和约束条件
C. 产品/服务的品牌和专利	7. 财务计划
D. 产品/服务的研究和开发情况	A. 企业过去三年的财务情况（针对已创办的企业）
E. 开发新产品/服务的计划和成本分析	B. 未来三年的财务预测
4. 市场分析与营销策略	C. 融资计划
A. 市场调研和分析	8. 关键风险、问题和假设
B. 营销计划策略	9. 附录

（一）计划摘要

计划摘要列在创业计划的最前面，它是浓缩了的创业计划。计划摘要涵盖了计划的要点，以求一目了然，以便读者能在最短的时间内评审计划并做出判断。计划摘要一般要包括以下内容：公司介绍；主要产品和业务范围；市场概貌；营销策略；销售计划；生产计划；管理者及其组织；财务计划；资金需求状况等。

摘要要尽量简明、生动，特别要详细说明自身企业的不同之处，以及企业获得成功的市场因素。如果企业家了解他所做的事情，摘要仅需 2 页纸就足够了。如果企业家不了解自己正在做什么，摘要就可能要写 20 页纸以上。

（二）主体

主体是对摘要的具体展开。为了让读者一目了然，一般采取章节式、标题式的方式逐一描述，这里集中了企业战略计划、运营计划、组织与管理计划和财务计划的方方面面。具体包括企业介绍、市场分析、产品（服务）介绍、组织结构介绍、前景预测、营销策略描述、生产计划展示、财务规划和风险分析。只要执笔者能够条分缕析，各章节的具体顺序可以自行调整。

（三）关键风险、问题和假设

创业计划总会包括一些相关的隐含假设。因此，创业计划必须描述一些有关所在行业、公司、人员、销售预测、客户订单和创立企业的时机和融资的风险及其负面结果的影响。

识别并讨论创业项目中的风险，可以证明创业者作为一名经理人的技能，并能增加创业者和创业项目在风险投资者或私人投资者心目中的可信度。主动分析与讨论风险也有助于创业者对创业项目完成风险评估与对策研究，"未雨绸缪"方能降低创业风险。

创业者应首先客观地讨论创业计划中的假设和隐含风险，如市场假设、竞争假设、销售假设、研发风险以及生产能力风险等。在风险与假设评估的基础上，创业者还应指出哪些假设或风险对企业成功与否最关键，并描述将采取哪些针对措施，将不利于企业成长的各种影响降到最小的应对计划。

（四）附录

附录是对主体部分的补充。受篇幅限制，不宜在主体部分过多描述的，或不能在一个层面详细展示的，或需要提供参考资料、数据的内容，一般放在附录部分，以供参考。附录包括：企业营业执照，审计报告，相关数据统计，财务报表，新产品鉴定，商业信函、合同，相关荣誉证书等。

四、市场调查的内容和方法

市场调查也称市场调研，是指应用各种科学的调查方式、方法，收集、整理、分析市场资料，对市场状况进行反映或描述，以认识市场发展变化规律的过程。

市场调查是一项颇费心力的工作，与市场相关的客观因素，诸如环境、政策、法规，以及与市场相关的主观因素，如消费者需求、竞争对手等，任何一个方面都要经过详细的调查，不能敷衍了事。详尽的市场调查有助于创业者做出更好的营销决策，减少失误，增强成效。

（一）市场调查的类型

从各种角度分类，将市场调查区分为不同的类型，有利于对市场调查的全面系统的理解，也有利于市场的实践者明确调查目的和确定内容。

1. 根据购买商品的目的不同，分为消费者市场调查和产业市场调查

消费者市场，其购买目的是满足个人或家庭生活需要，它是最终产品的消费市场，是社会再生产消费环节的实现。消费者市场调查的目的主要是了解消费者需求数量和结构及其变化。

产业市场也称为生产者市场，其购买目的是生产出新的产品或进行商品转卖。产业市场是初级产品和中间产品的消费市场，涉及生产领域和流通领域。产业市场调查主要是对市场商品供应量、产品的经济寿命周期、商品流通的渠道等方面内容进行调查。

2. 根据商品的流通环节不同，分为批发市场调查和零售市场调查

批发市场调查主要是从批发商品交易的参加者、批发商品流通环节的不同层次、批发商品购销形式、批发市场的数量和规模等方面进行；着重掌握我国批发市场的商品交易状况，分析商品批发市场的流通数量、流通渠道与社会生产的关系和零售市场的关系等。

零售市场调查主要是调查不同经济形式零售商业的数量及其在社会零售商品流转中的比重，并分析研究其发展变化规律；调查零售市场的商品产销服务形式；调查零售商业网点分布状况及其发展变化；调查消费者在零售市场上的购买心理和购买行为；调查零售商业的数量和结构等。

除此以外，还可根据产品层次、空间层次、时间层次不同，区分为各种不同类型的市场调查。

（二）市场调查的基本方式

各种市场调查方式都具有一定的特点、规定，也各有适用的条件，常用的几种市场调查

方式有以下五种。

1. 市场普查

市场普查也称市场全面调查或市场整体调查，它是对市场调查对象总体的全部单位无一例外地逐个进行调查。普查的目的是了解市场的一些至关重要的基本情况，对市场状况做出全面、准确的描述，从而为制定市场有关政策、计划提供可靠的依据。

2. 市场典型调查

它是在对市场现象总体进行分析的基础上，从市场调查对象中选择具有代表性的单位作为典型，进行深入、系统的调查，并通过对典型单位的调查结果来认识市场现象的本质和规律性。显然，典型调查是一种非全面调查，它只对总体中的部分单位进行调查，目的是通过对典型单位的调查来认识市场现象总体的规律性及其本质。

3. 市场重点调查

它是从市场调查对象总体中选择少数重点单位进行调查，并用对重点单位的调查结果反映市场总体的基本情况。这里的重点单位是指其数量在总体中占的比重不大，但其某一数量标志值在总体标志总量中占的比重却比较大，通过对这些重点单位的调查，就可以了解总体某一数量的基本情况。

4. 市场个案调查

个案调查也称个别调查，它是从总体中选取一个或几个单位对其进行深入研究。其主要作用在于深入细致地反映某一个或几个单位的具体情况，而不是想通过个案调查来推断总体。个案调查是市场调查初期经常采用的方式，它实际上是对市场现象某一"点"的研究。

5. 市场抽样调查

抽样调查是按照随机原则，从全部调查对象中随机抽取一部分单位进行调查，并依据所获得的数据，对全部研究对象的数量特征，做出具有一定可靠性的估计判断，从而达到对全部研究对象认识的一种方法。

（三）市场调查的步骤

科学的市场调查必须按照一定的步骤进行，保证市场调查的顺利进行和达到预期的目的。市场调查的步骤大致分为四个阶段。

1. 市场调查的准备阶段

市场调查的准备阶段是市场调查的决策、设计、筹划阶段，也是整个调查的起点。这个阶段的具体工作有三项，即确定市场调查任务、设计市场调查方案、组建市场调查队伍。合理确定市场调查任务是搞好市场调查的首要前提，科学设计市场调查方案是保证市场调查取得成功的关键，认真组建市场调查队伍是顺利完成市场调查任务的基本保证。

（1）确定市场调查任务。包括选择调查课题，进行初步探索等具体工作。调查课题是市场调查所要说明的市场问题，选择调查课题是确定调查任务的首要工作。在实际工作中，选择课题既要从管理的需要性出发，也要考虑到实际取得资料的可能性；同时还应具有科学性和创造性，在科学理论指导下，按照新颖、独特和先进的要求来选择调查课题。

（2）设计市场调查方案。市场调查方案是整个市场调查工作的行动纲领，起到保证市场调查工作顺利进行的重要作用。市场调查方案一般必须包括以下主要内容：①明确市场调查目的。即说明为什么要做此项调查，通过市场调查要解决哪些问题、要达到什么目标。市场调查目的要明确提出，决不能含糊、笼统。②设计市场调查的项目和工具。这是市场调查方案的核心部分，也是设计市场调查方案时必须要考虑的。市场调查项目是调查过程中用来反映市场现象的类别、状态、规模、水平、速度等特征的名称；市场调查工具是指调查指标的物资载体；设计出的市场调查项目最后都必须通过市场调查工具表现出来。③规定市场调查的空间和时间。市场调查空间是指市场调查在何地进行，有多大范围。市场调查空间的选择有利于达到调查目的，有利于搜集资料工作的进行，有利于节省人、财、物。④规定市场调查对象和调查单位。市场调查对象是指市场调查的总体，市场调查对象的确定决定着市场调查的范围大小，它由调查目的、调查空间、调查方式、调查单位等共同决定。⑤确定市场调查方法。包括选择适当的组织调查方式和搜集资料的方法。调查方法的选择要根据市场调查的目的、内容和一定时间、地点、条件下市场的客观实际状况来进行。调查者必须选择最适合、最有效的方法，做到既节省调查费用，又能满足调查目的。⑥落实市场调查人员、经费和工作安排。这是市场调查顺利进行的基础和条件，也是设计市场调查方案时不可忽视的内容。

（3）组建市场调查队伍。组建一支良好的市场调查队伍，不仅要正确选择市场调查人员，而且要对市场调查人员进行必要的培训。对市场调查人员的培训内容，有思想教育、知识准备、方法演练等。

2. 市场调查搜集资料阶段

市场调查搜集资料阶段是市场调查者与被调查者进行接触的阶段，为了能够较好地控制和掌握工作进程，顺利完成调查任务，调查者必须做好有关各方面的协调工作：要依靠被调查单位或地区的有关部门和各级组织，争取支持和帮助；要密切结合被调查者的特点，争取他们的理解和合作。

在整个市场调查工作中，调查搜集资料阶段是唯一的现场实施阶段，是取得市场第一手资料的关键阶段。因此，要求组织者集中精力做好内外部协调工作，力求以最少的人力、最短的时间、最好的质量完成搜集资料的任务。

3. 市场调查研究阶段

这一阶段的主要任务是对市场搜集资料阶段取得的资料进行鉴别与整理，并对整理后的市场资料做统计分析和开展理论研究。

鉴别资料就是对取得的市场资料进行全面的审核，目的是消除资料中虚假、错误、短缺等现象，保证原始资料的真实性、准确性和全面性。

整理资料是对鉴别后的市场资料进行初步加工，使调查得到的反映市场现象个体特征的资料系统化、条理化，以简明的方式反映市场现象总体的特征。

对资料的整理主要是应用分组分类方法，对调查资料按研究问题的需要和市场现象的本质特征做不同的分类。

4. 市场调查总结阶段

市场调查总结阶段是市场调查的最后阶段，主要任务是撰写市场调查报告，总结市场调查工作，评估市场调查结果。市场调查报告是市场调查研究成果的集中体现，是对市场调查工作最集中的总结，而撰写市场调查报告是市场调查的重要环节，必须使调查报告在理论研究或实际工作中发挥重要作用。此外，还应对市场调查工作的经验教训加以总结。评估调查结果主要是从学术成果和应用成果两方面进行,目的是总结市场调查所取得的成果价值。认真做好总结工作,对于提高市场调查研究的能力和水平,有很重要的作用。

在市场调查的实际工作中,市场调查的各阶段是相互联系、有机结合的完整过程。

第二节 撰写与展示创业计划

★学习要点

1. 撰写创业计划的过程;
2. 创业计划的展示技巧;

一、研讨创业构想

创业之前,每个创业者都必须做好充分的准备。因此,在创业开始之前的创业构想就十分重要。这时候创业者就需要撰写一份完整的创业计划书,在撰写这份计划书的思考过程中,创业者就可以清楚地看到,什么才是未来事业成功中最重要的因素。

创业计划书应写清楚创业计划实现的办法,并对创业计划的可行性进行分析。

(一)研讨产品或服务

1. 概念陈述

"概念陈述"是由布鲁斯 R. 巴林格(BRUCE R. Barringer)提出的。他认为,概念陈述是向行业专家、潜在顾客提交产品或服务的基本描述,并征求反馈意见的活动。概念陈述写好以后,需要交给 10 人以上查看,他们要能提供公平公正的建议。这 10 人最好不要包括亲朋好友,因为他们已经在前期做出了积极的反馈。如果时间充裕,概念陈述要反复提炼,以夯实产品、服务创意。

2. 研讨需求

创业企业所研发的产品或服务是否符合消费者的需求,需求的程度有多大,是研讨产品或服务需求的重要指标。

这种研讨多数是靠调研来完成的,调查表可以连同概念陈述一起交给别人。调查内容主要是消费者产品购买或服务需求的意愿程度,是明确购买还是明确不购买;其次是附加的相关话题,比如能够接受怎样的价格,希望在哪里购买,对产品或服务的后续服务有什么要求,等等。

相对于调查,调研是悄悄进行的。借助资料、书籍、相关数据、互联网等提供的信息,结合自己在街头巷尾、校园内外、公共场所主动问询,创业者能够搜集到更多的信息,从而进一步明确自己的产品或服务是否可行。

(二)研讨行业或目标市场

1. 行业分析

创业企业要想让自己的产品和服务占领市场,在竞争激烈的市场中立足,就一定要做行业分析。创业者需要了解自己的创业项目目前所处市场是空白还是成熟行业？如果是空白市场，要详细说明为什么要施行这个创业项目，并提供给别人参考，查看它的可行度有多高。如果是成熟行业，需要说明项目的创新之处，或者竞争优势在哪里？同时还要分析这个项目目前有没有市场竞争者，竞争者的优势和劣势，怎样才能在竞争中获胜？谁跟自己的目标客户一致？

2. 目标市场分析

目标市场是针对广大的市场空间而言的。现实经验告诉我们，某种产品或服务只有集中到特定群体才有更大的发展空间。同时，企业获得成功的关键要素之一就是对目标市场进行成功的价值定位。例如，为什么客户要从自己这里购买，而不从其他竞争者那里购买？为什么客户认为自己的产品或服务对他很有用？自己的产品或服务是否给客户带来了独一无二的体验。

（三）研讨创业团队及组织管理

初创企业进行团队及组织管理的研讨、分析很有必要，因为人是企业的核心，实际上人的才能、智慧和人与人之间的协作能力决定了企业的发展。

进行管理才能评估时，要注意两个关键的点。一是个体创业者或管理团队对商业创意所抱有的激情，二是个体创业者或管理团队对将要进入市场的了解程度。这里创业者的作用非常关键，如果他具备洞察力，就能慧眼识珠，人尽其才。

（四）研讨创业资源

初创企业是否有足够的资源维系企业的生产活动、销售活动的正常开展，所有资源能否真正发挥作用，是资源研讨的核心。创业者在进行测试前，必须先获得创业资源，无论是设备、资金等有形资源，还是信息、知识、政策等无形资源，都是如此。在分析时，要考虑产业链上下游的资源、客户资源、技术资源、财务资源、行业经验资源、人力资源等。

（五）研讨财务

财务分析可以不用十分详细，但对于启动资金的预测、启动资金的来源、开业的生产经营成本、财务的吸引力这些重要的点，都必须分析清楚。

二、分析创业可能遇到的问题和困难

（一）知识限制

创业需要企业注册、管理、市场营销与资金融通等多方面的丰富知识。如果对目标市场和竞争对手情况了解甚少，在缺少相应知识储备的情况下，创业在残酷的市场竞争中将处于劣势。创业需要创业者在实际操作中把自己的知识与所创事业有机结合起来，但是很多创业者眼高手低，当创业计划转变为实际操作时，才发现自己根本不具备解决问题的能力，这样的创业无异于纸上谈兵。

同时，在撰写创业计划书时，许多创业者无法把自己的创意准确而清晰地表达出来，缺少个性化的信息传递方法，或者分析采用的数据经不起推敲，没有说服力。

（二）经验缺乏

经验是从多次实践中得到的知识或技能。创业需要有管理经验、对市场开拓的经验、营销方面的经验等。大学生有理想与抱负，但容易眼高手低，很多人没有任何实际经营经验，在这种情况下，本着"摸着石头过河"的战略方针开始创业之路，其过程中的一个个小问题，如果没办法及时有效地解决，很容易变成一颗颗炸弹，一旦爆炸，也就宣告该次创业失败。

（三）心态问题

创业者空有创业激情，心理准备不足。从创业失败的情况看，许多创业者热情很高，但缺乏吃苦耐劳和坚持不懈的精神。尤其大学生创业群体受年龄及阅历等方面的限制，对创业风险没有清醒的认识，缺乏对可能遭遇到风险和失败的必要准备。并且，在创业时如果缺乏前期市场调研和论证，只是凭自己的兴趣和想象来决定投资方向，结果注定失败。创业首先要有风险意识，要能承受住风险和失败。其次还要有责任感，要对公司、员工、投资者负责。另外务实精神也必不可少，必须踏实做事。

（四）创新能力薄弱

创新能力，也称为创新力，是运用知识和理论，在科学、艺术、技术和各种实践活动领域中不断提供具有经济价值、社会价值、生态价值的新思想、新理论、新方法和新发明的能力。创新能力是企业竞争的核心力，创新能力并不意味着要斥巨资，开发出划时代的新技术。大学生创业企业既没有这样的资源条件，更没有时间。大学生在创业过程中，一方面由于风险比较大，不具备进行产品（服务）技术创新的条件；另一方面，缺少专业性人才对产品（服务）进行升级换代改造的研究，同时缺少资金使得企业用于创新和研发的经费很少，导致企业创新能力薄弱。

（五）资金问题

资金是企业经营活动的第一推动力，是经营企业的本钱。大学生要想凭借自己的技术或创意获得应有的回报，就必须解决好资金的筹措问题。万事开头难，如果资金不足，那么创业就更难。目前，大学生创业缺资金、少经验是普遍存在的问题，大学生创业者往往为了得到资金，给小钱让大股份，贱卖技术或创意。

除此之外，社会的大环境也让大学生创业感到有些艰难。创业所需要的各种服务还不完善，如律师事务所制度、会计师事务所制度等。

三、凝练创业计划的计划摘要

计划摘要是创业计划书的精华，计划摘要涵盖创业计划书的要点，以求一目了然，这是对创业者描述自己公司的写作功底的最高挑战。当一个创业者的计划书与成百上千份的其他计划书同时争取同一个投资者的关注时，此摘要往往决定着你的计划能否成功。计划摘要不可以完全机械地照搬其他模板，没有哪一个模板是可以适用于所有公司的，只需把每个要点都涉及即可。需要考虑的是，对公司而言，哪些部分是最重要的，哪些是无关紧要的，哪些需要强调，哪些可以一笔带过。

计划摘要没有固定的格式，但长度不应该超过2页（美国有些创业投资公司规定计划摘要最多55字）。创业者必须在这么短的篇幅内，介绍其所拥有的资源以及其计划发展的方向。

计划摘要一般要包括以下内容：公司介绍；主要产品和业务范围；市场概貌；营销策略；销售计划；生产计划；管理者及其组织；财务计划；资金需求状况等。

在介绍企业时，首先，要说明创办新企业的思路，新思想的形成过程以及企业的目标和发展战略。其次，要交代企业现状、过去的背景和企业的经营范围。在这一部分中，要对企业以往的情况做客观的评述，不回避失误。中肯的分析往往更能赢得信任，从而使人容易认同企业的创业计划书。最后，还要介绍一下自主创业者自己的背景、经历、经验和特长等。企业家的素质对企业的成绩往往起关键性的作用。在这里，创业者应尽量突出自己的优点并表现自己强烈的进取精神，以给投资者留下一个好印象。

在计划摘要中，企业还必须回答以下问题：企业所处的行业；企业经营的性质和范围；企业主要产品的内容；企业的市场在哪里，谁是企业的顾客，他们有哪些需求；企业的合伙人、投资人是谁；企业的竞争对手是谁，竞争对手对企业的发展有何影响。

计划摘要必须能让读者有兴趣并渴望得到更多的信息，它将给读者留下长久的印象。计划摘要将是自主创业者最后撰写的内容，但却是出资者首先要看到的内容，它将从计划摘要中摘录出与筹资最相关的细节，包括对公司内部的基本情况、公司的管理队伍等情况的简单而生动的概括。如果公司是一本书，它就像是这本书的封面，做得好就可以把投资者吸引住。它会给风险投资家这样的印象："这个公司将会成为行业中的巨人，我已等不及要去读这个计划的其他部分了。"

四、把创业构想变成文字方案

成功创业计划书的撰写不是一蹴而就的事情，创业者需做好大量的前期准备工作，并在写作过程中遵循一定的写作步骤与写作原则。

首先，成功的创业计划应有周详的前期准备与启动计划。由于创业计划涉及的内容较多，编制之前必须进行充分的准备、周密的安排。第一，通过文案调查或实地调查的方式，准备关于创业企业所在行业的发展趋势、同类企业组织机构状况、行业内同类企业报表等方面的资料；第二，确定计划的目的和宗旨；第三，组成专门的工作小组，制订创业计划的编写计划，确定创业计划的种类与总体框架，制定创业计划编写的日程安排与人员分工。

在前期准备完成后，接下来是创业计划初步草拟阶段。主要是全面编写创业计划的各部分，包括对创业项目、创业企业、市场竞争、营销计划、组织与管理、技术与工艺、财务计划、融资方案以及创业风险等内容进行分析，初步形成较为完整的创业计划方案。

在完成创业计划书的草拟后，创业者应广泛征询各方面的意见，进一步补充、修改和完善草拟的创业计划，即创业计划书的完善阶段。编制创业计划的目的之一是向合作伙伴、创业投资者等各方人士展示有关创业项目的良好机遇和前景，为创业融资、宣传提供依据。所以，在这一阶段要检查创业计划是否完整、务实、可操作，是否突出了创业项目的独特优势及竞争力，包括创业项目的市场容量和盈利能力。创业项目在技术、管理、生产、研究开发和营销等方面的独特性。创业者及其管理团队成功实施创业项目的能力和信心等。力求引起投资者的兴趣，并使之领会创业计划的内容，支持创业项目。

创业计划书撰写的最后阶段为定稿阶段，创业者在这一阶段定稿并印制成创业计划的正式文本。

由于创业计划书的专业性因素影响，撰写优秀的创业计划书对于大部分的大学生创业团队而言存在一定的难度。因此，大学生创业团队经常会考虑聘用一个外部专业人士来准备商业计划书，以便可以专心从事融资和企业创建工作。但聘请外部专业人士并不是好主意，大学生创业者或创业团队应该亲自书写整个计划书。一方面，在制定并撰写商业计划书的过程中，可以检验不同的战略和战术所产生的后果以及创建企业对人员和财务的要求。另一方面，商业计划书一个很重要的结果是使创业团队处于同一个发展阶段，统一创业思路与行动纲领。由于创业计划书涉及的内容很多，大学生创业者应积极按照创业计划书撰写的基本步骤，做好计划工作，使写作过程有条不紊地进行，团队内部成员各负其责，最后由组长统一协调定稿，以免零散、不连贯、文风相异。

五、创业计划书的撰写和展示技巧

（一）创业计划书的撰写

在撰写创业计划书过程中，一方面要积极关注创业计划书的核心要素；另一方面，创业计划书针对的读者往往是具有专业背景的投资专家，创业者也需关注创业计划书的书写格式与规范。

1. 要简洁明了

创业计划书应当简洁明了，人们在阅读一份自己特别感兴趣的商业计划书时，应能立即找到问题及其解决办法。因此，对于那些可能会引起读者兴趣的主题都应该全面而简洁地阐述。一般说来，创业计划书的最佳长度为25至35页。

2. 不要煽情

好的创业计划书既不要太平淡无奇，引不起读者的胃口，又不要太花里胡哨，过于煽情。计划书要有冲击力，能够抓住投资者的心，不等于煽情。一定要记住，商业计划书既不是动员报告，也不是文艺作品，它是一篇实实在在的说明书。

3. 尽量客观

创业计划书应当客观，应当用事实说话。凡是涉及数字的地方一定要定量表示，提供必要的定量分析。一切数字要尽量客观、实际，切勿凭主观意愿的估计。有些人在讲述他们的创意时会得意忘形。的确，有些事情需要以一种充满激情的方式讲述，但应该尽量使自己的语气客观，使投资者有机会仔细地权衡论据是否有说服力。在创业计划书中，创业者应尽量陈列出客观、可供参考的数据与文献资料。像广告一样的创业计划并不能起到很好的吸引投资者的作用，反而会引起别人的逆反心理，引起投资者的怀疑、猜测，而使他们无法接受。

4. 让外行人也看得懂

创业计划书应当做到让外行也能看懂。一些风险企业家认为他们可以用大量的技术细节、精细的设计方案、完整的分析报告打动读者，但这样做的效果并不好。因为往往只有少数的技术专家参与创业计划的评估，许多读者都是全然不懂技术的门外汉，他们更欣赏一种简单的解说，也许用一个草图或图片做进一步的说明效果会更好。如果非要加入一些技术细节，可以把它放到附录里面去。

5. 保持写作风格一致

创业计划书的写作风格应一致。一份创业计划书，通常由几个人一起完成，但最后的版本应由一个人统一完成,以避免写作风格和分析深度不一致。创业计划书是企业的敲门砖,不仅要以一种风格完成,而且应该看起来很统一、很专业。例如,标题的大小和类型都应该和本页的内容和结构相协调,另外也可以恰当地使用图片,达到图文并茂的效果。

(二) 创业计划书的展示技巧

创业计划书一旦准备就绪,接下来的主要挑战就是如何将计划书介绍、推广、投送给相关者。在大部分情况下,口头介绍是推荐给潜在投资者最普遍,也是最关键的一步。事实上,大学生创业者应该清晰地认识到:口头表达能力不仅对推介创业计划书与筹集资金至关重要,实际上,它还是创业者在注入新产品开发、买卖交易、巩固合作关系、招聘员工等一系列活动达成协议的基本工具。

创业计划书的展示主要包括前期准备、演示创业计划以及访谈三个基本环节。

1. 前期准备

口头表达与书面表达存在巨大的差异,其要点是快速地切入主题,恰当地解释创业项目,语言内容需要好好地予以斟酌,同时不乏风趣灵活,结构上需要体现较强的系统性与逻辑性,同时在表达过程中可以自由添加或改变某些点作为介绍的拓展,一份背下来的介绍是无法激发投资者激情与兴趣的。

创业者在做创业计划推介准备时,首先要训练自己言简意赅的表达能力,训练自己用一分钟来表达、描述创业企业的性质与性能。正如《创业的艺术》的作者盖伊·川崎所说:"如果一位企业家来找我,一开始就谈论他想如何筹集资金,或者一个非营利机构的负责人来找我,开口就要赞助,那么我根本就没有耐心从头到尾听完他们的谈话。我希望他们能够利用头15分钟时间,向我简述他们的人生故事。如果你不这么做,你的听众不可避免地会产生这样的疑问:'他的公司是做什么的呢?'"现实展示过程中,创业者往往会用自传式篇幅与方式来介绍企业,想当然地认为只要自己说这么一通开场白,听众自然会明白新创公司从事的行业与提供的产品或服务。大学生创业者可以利用定时器,训练自己在一分钟内描述公司性质与目前状况,并请听众写出一句表达你公司性质与职能的话,把他们的答案收集起来,与自己说的内容进行比较,通过对比结果修正自我表达方式与内容。

在前期准备中,创业者还应积极了解与分析推介对象。大学生创业者往往认为出色发言的基础在于激起听众热情的能力。实际上,出色发言的基础源于推介前对推介对象所进行的调研。首先,创业者应了解究竟什么对推介对象比较重要。可以通过事先向"主办者"或"中介方"提出诸如最想了解公司的三件重要事情是什么?什么促使对方对创业项目产生兴趣?可能会问什么特殊、尖刻的问题?会议参与人员年龄多大、背景与特长如何等问题。

创业者还可以通过网络搜索、资料收集、业内打听等方式清晰地了解公司背景、管理背景等方面信息;并通过换位思考、团队讨论的方式,群策群力、集思广益地梳理各种可能性,为推介工作做好前期调研工作。

创业者还应该依照"10/20/30"原则做好推介内容、长度和文字表现的准备工作。"10/20/30"原则指通过10张幻灯片、20分钟时间、30磅的文字字体来指导推介演讲。

演讲过程中,推荐使用较少的幻灯片,大约10张。表面上看起来少了一些,但是挑选出来的10张幻灯片具有真正的实质内容。可以再稍微增加几张,但一次演讲的幻灯片绝不能超过20张。需要的幻灯片越少,讲述的内容越引人注目。创业者可以用标题、问题、解决方案、商业模式、项目优势与独特性、市场营销、竞争、管理团队、财务计划及主要指标以及目标实现时间与资金的使用作为幻灯片的核心标题，进行内容的组织。

一般推介会议时间多为一个小时。因此，创业者应该在20分钟内完成陈述与演讲。这样，一方面可以加强创业者对推介会议的时间控制；另一方面，也可以让与会人员有更充足的时间进行交流与讨论。创业者应在推介前，通过内容提炼、积极准备与反复预演，训练自己在介绍活动中将陈述内容集中在10张幻灯片上，并且用时不超过20分钟。

2. 演示创业计划

演示创业计划是创业者展示自己能力的大好机会，同时也是创业投资者考察创业者的关键阶段。尽管项目好坏才是创业投资者考虑的主要方面，但是大多数情况下，创业投资者不会将资本交给一个连自己创意都表达不清楚的人。

在做好包括推测对方可能提出的问题、应付展示期间可能出现的意外以及确定展示重点等信息调查与前期准备工作后，创业计划书进入实质演示阶段。

演示开始后，可以通过诸如"我能够占用各位多长时间？""各位最需要我回答的三个问题是什么？""我可以先完成我的演示内容，然后再回答大家的问题吗？如果各位认为确实需要提出问题，也可以随时打断我"等开场白，表达对推介对象的尊重与双向交流的意愿，加上事先布置的讲台，可以营造良好的开端并积极带动投资者参与的积极性。再次，在演示过程中，应该保持条理清晰的风格，要有针对性，突出市场前景以吸引投资者的注意力。如果没有特殊要求，演示者不要过分强调技术因素或故意使技术环节复杂化。

此外，创业者还需要注意掌握以下几个细节：在演示前不要发放有关管理经营费用的材料；在演示中用热情洋溢的语言表达；积极与投资者互动，但不要与投资者发生争执；如果对于投资者的提问没有事前妥善处理，可以用"另外，需要补充的是……"进行弥补。

演示即将结束时，插入一些表格资料向与会者说明公司的财务状况；在演示休息时间，在投资者离场后，简短总结演示的效果以及需要改进之处；演示期间积极记录、演示后重新整理会议记录与讲演内容等。

3. 访谈

访谈也是创业计划推介的重要环节。对于通过初步审查的创业项目，下一步就是与创业者直接交流。由于创业者的素质是决定创业能否成功的关键，所以必须要对创业者进行访谈，以达到以下三个目的：一是面对面地考察创业者的综合素质；二是根据审查创业计划的情况，核实创业项目的主要事项；三是了解创业者愿意接受何种投资方式和退出途径，投资者能以何种程度参与企业决策与监控。

为了取得良好的访谈与计划推介效果，首先，创业者要制定谈判计划，包括明确谈判的最低目标、中间目标以及最高目标；拟定谈判的进程；选择合适的谈判时间和地点；确定参与谈判人员及分工。其次，做好谈判的心理准备，即准备应对大量提问、应对投资者对管理的查验、准备放弃部分业务以及准备做出妥协。再次，掌握一定的谈判技巧，比如展示自己实力时，采取暗示的办法，为了增强谈判的吸引力要给对方心理上更多的满足感，谈判中多听、多问、少说等，创业者可以在日常生活中积累这些技巧，必要时也可以进行相关知识的培训。

思考与练习

一、名词解释
1. 应变性心理品质
2. 创业计划
3. 市场调查

二、简答题
1. 简述创业风险与各主客观要素的关系。
2. 简述合同风险防范的主要措施。
3. 宣传促销时应着重注意哪三方面？
4. 简述创业计划的内容包括哪些。
5. 简述撰写和展示创业计划书的关系与基本技巧。
6. 信息搜集的渠道有哪些？
7. 为什么要进行市场调查？市场调查的内容与方法分别是什么？

三、判断题
1. 教育和经历是企业家成功的关键因素。（   ）
2. 人们身上存在着不同程度的成就欲望。（   ）
3. 很高的成就欲望基本上都表现为强烈的赚钱欲望。（   ）
4. 小企业倒闭的企业家会损失其投资，同时也常会感到失去自尊。（   ）
5. 小企业在刺激经济竞争方面发挥着重要作用。（   ）
6. 相对建立新企业和收购而言，取得某种商品或在某个市场进行经营的特许经营权是创业者进入市场的一种风险最小的方式。（   ）
7. "编故事"对创业者而言是一项重要的能力。（   ）
8. "学习效应"是由于管理者越来越熟悉企业的经营活动，使其可以在不降低现有工作质量的前提下，节省出管理服务来支持企业成长。（   ）
9. 企业的既有事业是创业企业成长的根源，在企业成长过程中不应该改变。（   ）
10. 传统管理强调成果和细节，创业管理关注流程和过程的改进。（   ）

四、实训题
1. 请你写出你们团队的 SWOT 分析。
2. 如果你现在要做一个项目，请写出你的可行性分析书。
3. 如果你现在要开办你的企业，请你写出你的商业计划书。
4. 请写出你们公司的结构图。
5. 根据你的专业和兴趣，假如你要创业的话，试着自己写一份创业计划。并介绍一下，如何才能使自己的创业计划脱颖而出。
6. 根据你写的创业计划，结合你自己的特点，描述一下你该如何与投资者商谈创业计划书。
7. 结合学校所在城市，开展园区、专业市场调查，了解园区，专业市场主要有哪些经营企业，主要业务是什么，写出调研报告，为开展创业项目调查提供线索。

五、案例分析

北京旺乐高童装厂最初是北京第四针织厂从事人事工作的武长征同志带领三名职工承包创办的企业。当时针织行业已很不景气，市场竞争十分激烈。经过分析，厂长决定生产零岁到一岁半幼儿所穿的贝贝服。这种服装很费工，顾客要求挑剔，当时利润也低。武厂长提出以妈妈的爱心为孩子生产这种服装。他们走访了几百名孩子妈妈，取得了大量数据，设计了这种贝贝服，投入市场后大获成功。顾客提出的各种特殊要求他们都尽力满足，取得了社会的信赖。经过一段时间经营，"旺乐高"已成为名牌。现在是送给孩子的珍品。由于受到顾客的青睐，在顾客要求下，贝贝服又从零岁到一岁半扩展到一岁半到三岁，进而扩大到六岁，进而又扩大到九岁。产品都很畅销。现在名气大了以后，外省市也前来合资。

思考：以上案例说明了哪些经商的道理？对你有哪些启发？你学到了哪些东西？

第六章

新企业的开办

★ 引导案例

　　经营一个小休闲吧一年多的时间，从当初的惨淡维持到目前的渐有起色，业主马女士说，开店选地址是非常重要的，不能只凭自己的主观判断和房东的热情推荐，否则经营得再好，也受先天不足的制约。

　　马女士很早就有自己创业的想法，经过自己的考察和朋友的建议后，她选择开一个小型休闲吧。很多人在娱乐方面比较喜欢打扑克，马女士看好这个市场。考虑到一些繁华地带已经有了很多著名品牌的连锁咖啡店，马女士就决定从次一级的地段入手，黄河路沿线成了她的首选。看了好几个地方，租金都太贵，后来一个大约60平方米的小店面吸引了她。

　　这个地方原先开过饭店，包间的格局基本已经定了，房东租得很便宜，每个月只要2 000元。一个缺点就是不临街，而是在黄河路的侧面上。装修的花费不高，租下来10天左右就开业了。收入的主要来源就是饮料和小吃等，马女士预计有一半的上座率，每天翻两番，每天营业收入可以达到1 000元。咖啡、小吃的成本很低，初期只请了一个服务员，工资2 000元。这种小吧只在客人刚来的时候忙一点，太忙了自己就顶一阵。这样每月的营业额能达到3万元。

　　但实际情况并不如马女士估计的那样，地段不醒目，客人来得零零落落，周围几个没有固定职业的邻居倒是常来。因为没设最低消费，他们只要一壶20元的茶水，几个人就能坐上一天。烟抽得很大，小店面积还小，也影响了别的客人。

　　马女士想了几种办法来增加人气，联系几位常玩的朋友，让他们把客人往这儿带，发打折的会员卡等。一番努力之下，人来得渐渐多了，这时候地段又成为致命的影响因素，朋友让人来，电话里说了好几遍人家也不知道怎么走，发传单，标明小店的位置也费了很大周折。

　　现在，马女士的小休闲吧渐渐有了人气。她总结自己的创业经验表示，地段还是非常重要的，好地段可能会贵一点，但是绝对物有所值，同样一番努力，如果地段好一点，自己多付出的租金也早就挣回来了。

第一节 成立新企业

> ★ 学习要点
>
> 1. 企业的组织形式；
> 2. 新企业注册的程序与步骤；
> 3. 新企业选址的影响因素。

一、企业组织形式选择

（一）企业的组织形式

企业的组织形式反映企业的性质、地位和作用，表明一个企业的财产构成、内部关系以及与外部经济组织之间的联系方式。目前，我国常见的企业组织形式有个人独资企业、合伙制企业和公司制企业（有限责任公司、股份有限公司）三大类别。

1. 个人独资企业

个人独资企业，即为个人出资经营、归个人所有和控制、由个人承担经营风险和享有全部经营收益的企业。以独资经营方式经营的独资企业有无限的经济责任，破产时借方可以扣留业主的个人财产。

个人独资是最常见的企业组织形式，它具有以下特点。

（1）只有一个出资者。

（2）出资人对企业债务承担无限责任。在个人独资企业中，出资人直接拥有企业的全部资产并直接负责企业的全部负债，也就是说出资人承担无限责任。

（3）独资企业不作为企业所得税的纳税主体。一般而言，个人独资企业并不作为企业所得税的纳税主体，其收益纳入所有者的其他收益一并计算缴纳个人所得税。

由于个人独资企业创设条件简单，易于组建，所以大多数的小企业按个人独资企业组织设立。

2. 合伙制企业

合伙制企业是指由两人或两人以上按照协议投资，共同经营、共负盈亏的企业。合伙制企业财产由全体合伙人共有，共同经营，合伙人对企业债务承担连带无限清偿责任。

合伙制企业具有以下特点：①有两个以上所有者（出资者）；②合伙人对企业债务承担连带无限责任，包括对其他无限责任合伙人集体采取的行为负无限责任；③合伙人通常按照他们对合伙企业的出资比例分享利润或分担亏损；④合伙企业一般不缴纳企业所得税，其收益直接分配给合伙人。

石油、天然气勘探和房地产开发企业通常按合伙企业组织形式组建。

3. 有限责任公司

有限责任公司是在中国境内依法设立的，股东以其认缴的出资额为限对公司承担责任，公司以其全部资产为限对公司的债务承担责任的企业法人。

有限责任公司具有以下特点。

（1）有 1 至 50 个出资者，需要说明的是一人有限责任公司是在 2005 年 10 月 27 日第十届全国人大第十八次会议上通过的《公司法》中新加入的。

（2）股东出资须达到法定资本最低限额。一人有限责任公司注册资本的最低限额为 10 万元人民币，而一般有限责任公司注册资本的最低限额为 3 万元人民币。

（3）有限责任公司不能公开募集股份，不能发行股票。

（4）股东对公司的债务承担有限责任，倘若公司破产清算，股东的损失以其对公司的投资额为限。

4. 股份有限公司

股份有限公司是依法设立，其全部股本分为等额股份，股东以其所持股份为限对公司承担责任，公司以其全部资产对公司的债务承担责任的企业法人。股份有限公司是与其所有者即股东相对独立的法人，对公司债务承担有限责任。

在现代企业的各种组织形式中，股份有限公司在企业组织形式中占据主导地位。股份有限公司和以上三种组织形式相比具有以下特点。

（1）有限责任。这一点与有限责任公司相同，股东对股份有限公司的债务承担有限责任，倘若公司破产清算，股东的损失以其对公司的投资额为限。而对独资企业和合伙企业，其所有者可能损失更多，甚至损失个人的全部财产。

（2）永续存在。股份有限公司的法人地位不受某些股东死亡或转让股份的影响。因此，其寿命较之独资企业或合伙企业更有保障。

（3）可转让性。股份有限公司的股份转让比独资企业和合伙企业的权益转让更为容易。

（4）易于筹资。从筹集资本的角度看，股份有限公司是最有效的企业组织形式。由于其永续存在以及举债和增股的空间大，股份有限公司具有更大的筹资能力和弹性。

（5）对公司的收益重复纳税。作为一种企业组织形式，股份有限公司也有不足，最大的缺点是对公司的收益重复纳税：公司的收益先要缴纳公司所得税；税后收益以现金股利分配给股东后，股东还要缴纳个人所得税。

（二）企业组织形式的选择

创业伊始，创业者不但需要了解我国现有的企业组织形式有哪些，更应当了解每一种组织形式的优劣，从而选择一种最合适的企业组织形式。通常来说，选择组织形式需要考虑以下五个因素。

1. 拟投资的行业

对于一些特殊的行业，法律规定只能采用特殊的组织形式，如律师事务所只能采用合伙形式而不能采用公司形式。对于银行、保险等行业，只能采用公司制。因此，根据拟投资的行业选择企业的组织形式是首要考虑的因素。对于法律强制性规定了的行业，只能按照法律的要求选择组织形式。近来非常热门的私募股权基金，法律只允许选择公司制和合伙制，越来越多的私募股权基金选择了有限合伙制的组织形式。

2. 创业者的风险承担能力

创业者自身的风险承担能力是创业者必须考虑的因素之一，企业组织形式与创业者日后承担的风险息息相关。公司制企业股东仅以出资额为限承担责任，普通合伙制企业投资人、个人独资企业投资人都要承担无限责任。选择后两种企业组织形式，创业者要承担较大风险。

3. 税务因素

由于不同的企业组织形式所缴纳的税不同，因此，选择企业组织形式必须考虑税务问题。根据我国税法规定，个人独资企业和合伙企业的生产经营所得计征个人所得税，公司制企业既要缴纳企业所得税，又要在向股东分配利润时为股东代扣代缴个人所得税。因此，从税负筹划的角度，选择个人独资企业和合伙企业税负更低。

4. 未来融资需要

如果创业者资金充足，拟投资的事业资金需求也不大，则采用合伙制和有限责任公司制均可，如果日后发展业务所需资金规模非常大，建议采取股份有限公司组织形式。

5. 关于经营期限的考虑

对于个人独资企业，一旦投资人死亡且无继承人或者继承人决定放弃继承，则企业必须解散。合伙企业由合伙人组成，一旦合伙人死亡，除非不断吸收新的合伙人，否则合伙企业寿命也是有限的。因此，合伙企业和个人独资企业经营期限都不会很长，很难持续发展下去。但公司制企业则不同，除出现法定解散事由或股东决议解散外，原则上公司制企业可以永远存在。

当然，除了上述因素之外，还可以从投资权益的自由流通和经营管理需要等多个方面就企业组织形式的优劣进行分析比较，进而选择最合适的组织形式。

二、企业注册流程

根据企业所在地，至相应的工商局/所办理营业执照，一般有以下几个步骤。

创业者想好了公司名称之后，需要先到工商局进行名称的查询和核准，以确认该名称是否已被其他公司注册，是否违反工商管理局所规定的公司名称冠名要求，通过名称预先核准之后，就可以在工商局先保留该名称的使用权，有条不紊地进行接下来的注册工作。

名称预先核准需要准备的资料有《企业名称预先核准申请书》《指定代表或者共同委托代理人的证明》、指定代表或者共同委托代理人的身份证复印件、股东的主体资格证明或自然人身份证明复印件等。其中，前两个表格都可以在工商局网站上下载或柜台领取。预先确定法人及合伙人的出资比例，拟定公司名称1~5个，拟定公司经营范围的主要项目。如顺利，一般一个工作日之后就可领取《名称核准通知书》。

营业执照审批时间视各地情况不等，一般七个工作日内可以领取，需要缴纳一定数额的注册费用和公告费用，领取的营业执照包括正本、副本和电子执照、企业信息IC卡、法人证，凭营业执照就可以刻公司的公章、财务专用章和法人章。

接下来需要办理组织机构代码证。组织机构代码证需要到公司所在地区的技术监督局办理，需要材料包括：法定代表人身份证及复印件，营业执照副本、公章，经办人身份证。一般组织机构代码证正副本在两个工作日内完成，IC卡会在10个工作日内办理完毕。

办理税务登记证要先办理地税，后办理国税。取到组织机构代码证书后，到地税局网站点击注册。用注册的用户名和密码在本界面登陆，填写税务登记信息，保存后退出。到税务登记窗口领取《税务登记表》《印花税纳税申报表》《房屋、土地情况登记表》，填写完毕后，到税务登记窗口办理登记手续。

目前我国有的地方已经实行了税收一本证，办理税务登记时就不用国税、地税分别办理了，一般带齐相关资料，就可以当场办理完税务登记，领取税务登记证。

领取税务登记证之后，还需要去验资的银行开立基本账户，用于日常公司之间的基本往来。开基本账户时，需要带上公司营业执照正本、组织机构代码证正本、税务登记证正本、法人身份证复印件和三个印章（公章、财务章、法人章）。一般银行会在一周之后退还所有原件，同时发放人民银行审批的《开户许可证》，今后可以凭这个证更换公司账户的银行。

因各地规定不同，需要到税务局了解基本账户是否可作为纳税账户，如果不可以，还需要开设专用账户作为今后的纳税账户，专用账户的开设所需材料与基本账户开设一样。这些完成之后，就可去税务局申请开通网上报税和扣款协议，今后缴税就不需要每月去税务局办理，通过网上报税，直接从公司的账户里扣。

根据《中华人民共和国社会保险法》的规定，新企业注册后还必须办理社会保险。国家建立基本养老保险、基本医疗保险、工伤保险、失业保险、生育保险等社会保险制度，保障公民在年老、疾病、工伤、失业、生育等情况下依法从国家和社会获得物质帮助的权利。

企业应在成立之日起三十日内凭营业执照、登记证书或者单位印章向当地社会保险经办机构申请办理保险登记。社会保险经办机构应当自收到申请之日起十五日内予以审核，发给社会保险登记证件。用人单位的社会保险登记事项发生变更或者用人单位依法终止的，应当自变更或者终止之日起三十日内，到社会保险经办机构办理变更或者注销社会保险登记。

此外，新开设公司在开设三十日内还需要办理统计登记证，至当地统计局网站下载《统计单位登记申请表》，填写完毕后，携带法人证和组织机构代码证原件，至统计局申请统计登记证。非外商投资企业不需要办理统计登记证。

如为零售行业，还需向国税局申请购买普通发票。首先，需先领取普通发票领购证，填写《发票领购簿申请审批表》一式三份并盖章，携带发票专用章或财务专用章、经办人有效身份证明、税务登记证副本，就可当场领到普通发票领购证。填写《国家税务局发票购领申请表》一式两份，携带购票人有效身份证明、税务登记证副本，就可购买普通发票了。

除了硬件上的准备外，还需要进行公司软件上的准备，制定合理的财务制度。全面、规范、合理的财务制度能够加强财务管理和经济核算，尤其对首次创业者来说，一个有效的财务体系可以很好地防范财务出错，及时准确地提醒创业者公司的财务状况。财务制度和员工的切身利益息息相关，预先设立合理的财务制度，也能减少劳资纠纷。财务制度可在参考其他公司的现成版本的基础上，根据自身的特点进行修改。

三、企业注册相关文件的编写

（一）公司章程的编写

企业注册相关文件的编写，主要是公司章程的编写。公司章程，是指公司依法制定的，规定公司名称、住所、经营范围、经营管理制度等重大事项的基本文件，也是公司必备的规定公司组织及活动基本规则的书面文件。

公司章程是股东共同一致的意思表示，载明了公司组织和活动的基本准则，是公司的宪章。公司章程具有法定性、真实性、自治性和公开性的基本特征。公司章程与《公司法》一样，共同肩负调整公司活动的责任。作为公司组织与行为的基本准则，公司章程对公司的成立及运营具有十分重要的意义，它既是公司成立的基础，也是公司赖以生存的灵魂。

公司的设立程序以订立公司章程开始，以设立登记结束。我国《公司法》明确规定，订立公司章程是设立公司的条件之一。审批机关和登记机关要对公司章程进行审查，以决定是否给予批准或者给予登记。公司没有公司章程，不能获得批准，也不能获得登记。

1. 有限责任公司章程应载明以下事项

（1）公司名称和住所；
（2）企业经营范围；
（3）公司注册资本；
（4）股东的名称、出资方式、出资额；
（5）股东的权利和义务；
（6）股东转让出资的条件；
（7）公司的机构及其产生办法、职权、议事规则；
（8）公司法定代表人；
（9）财务、会计、利润分配及劳动用工制度；
（10）公司的解散事由与清算办法；
（11）股东认为需要规定的其他事项。

股东应当在公司章程上签名、盖章。

2. 股份有限公司章程应载明以下事项

（1）公司名称和住所；
（2）企业经营范围；
（3）公司设立范围；
（4）公司股份总数、每股金额和注册资本；
（5）发起人的姓名或者名称、认股的股份数、出资方式和出资时间；
（6）董事会的组成、职权和议事规则；
（7）公司法定代表人；
（8）监事会的组成、职权和议事规则；
（9）公司利润分配办法；
（10）公司的解散事由与清算办法；
（11）公司的通知和公告办法；
（12）股东大会会议认为需要规定的其他事项。

（二）合伙协议的编写

合伙协议是依法由全体合伙人协商一致，以书面形式订立的合伙企业的契约。依据《中华人民共和国合伙企业法》相关规定，设立合伙企业必须订立合伙协议。合伙协议依法由全体合伙人协商一致、以书面形式订立。

合伙协议应当载明以下几点事项。

（1）合伙企业的名称和主要经营场所的地点；
（2）合伙目的和合伙经营范围；
（3）合伙人的姓名或者名称、住所；

(4) 合伙人的出资方式、数额和缴付期限；
(5) 利润分配、亏损分担方式；
(6) 合伙事务的执行；
(7) 入伙与退伙；
(8) 争端解决办法；
(9) 合伙企业的解散与清算；
(10) 违约责任。

（三）发起人协议的编写

发起人协议是指股份有限公司发起人就拟设立公司的主要事宜达成的协议。股东或投资者之间的关系和利益冲突，在公司成立之前，由发起人协议调整，而在公司成立之后，则由公司章程和公司法调整。公司设立过程中发起人之间的关系属于合同关系，在公司成立后转变为法定关系。公司章程通常是在发起人协议的基础上根据法律规定而制定的。

股份有限公司发起人应该签订发起人协议，明确各自在公司设立过程中的权利和义务。发起人协议应当载明以下事项。

(1) 公司经营项目、宗旨、范围和生产规模；
(2) 公司注册资本、各方出资、出资方式；
(3) 公司组织机构和经营管理；
(4) 公司名称和住所。

四、注册企业必须考虑的法律与伦理问题

创业者在创建和经营企业的过程中，必须了解和遵守有关法律法规，以确保自身和他人的利益没有受到非法侵害。与创业有关的法律主要包括《中华人民共和国专利法》《中华人民共和国商标法》《中华人民共和国著作权法》《中华人民共和国反不正当竞争法》《中华人民共和国合同法》《中华人民共和国产品质量法》《中华人民共和国劳动法》等。

（一）法律问题

我国的社会主义市场经济已初具规模，其法律体系的建构已经提前完成。创业者进入市场，须按照市场规则来运作，创业过程中其自身是否具备法律意识和法律理性，是否了解和掌握与其创业相关的法律法规是依法创业的关键。从准备筹划设立企业到企业的日常运营，乃至可能面临的解散破产，这一系列行为中的每个环节都有相关法律法规的调整。创业者如果能够在企业初创时就对相关法律法规加以了解，势必会给创业带来很多便利。

具体来说，创建新企业需要了解以下的重要法律法规。

1. **规定企业设立、组织、解散的法律**

规定企业设立、组织、解散的法律包括《中华人民共和国公司法》《中华人民共和国合伙企业法》《中华人民共和国个人独资企业法》《中华人民共和国公司登记管理条例》《中华人民共和国企业破产法》等。创业者在设立企业之时，必须了解这些法律法规的有关规定，包括设立企业要符合的条件、企业的组织机构的设置、企业的规章制度的制定等。

2. **规范企业劳动关系的法律**

规范企业劳动关系的法律包括《中华人民共和国劳动法》《中华人民共和国劳动合同

法》《中华人民共和国就业促进法》《社会保险费征缴暂行条例》《社会保险登记管理暂行办法》《工伤保险条例》《最低工资规定》等。每个企业都需要用人,要处理好企业与劳动者之间的关系,使劳动者充分发挥积极性,必须严格按照有关法律法规办理相关手续。

3. 与知识产权相关的法律

与知识产权相关的法律包括《中华人民共和国专利法》及其实施细则、《中华人民共和国商标法》及其实施条例、《信息网络传播权保护条例》《计算机软件保护条例》等。通过掌握知识产权法律法规,创业者能够更有效地保护自己的知识产权,也避免侵犯他人的知识产权。

4. 规范企业市场交易活动的法律

规范企业市场交易活动的法律包括《中华人民共和国合同法》《中华人民共和国担保法》《中华人民共和国产品质量法》《中华人民共和国反不正当竞争法》《中华人民共和国反垄断法》《中华人民共和国广告法》《中华人民共和国消费者权益保护法》等。这部分法律法规主要解决企业合法经营、公平交易问题。

5. 规范国家宏观调控行为的法律

规范国家宏观调控行为的法律包括《中华人民共和国环境保护法》《中华人民共和国对外贸易法》《中华人民共和国企业所得税法》《中华人民共和国金融法》等。在国家宏观调控视角下,政府是调控者,企业是被调控的对象。企业如果对政府的行为有异议,可以通过行政复议、行政诉讼等途径申诉自己的权利。

6. 与创业纠纷解决相关的法律

与创业纠纷解决相关的法律包括《中华人民共和国民事诉讼法》《中华人民共和国行政诉讼法》《中华人民共和国仲裁法》《中华人民共和国劳动争议调解仲裁法》等。

(二)伦理问题

在创业过程中,伦理决策对公司的成功与社会声誉具有非常重要的作用。伦理决策往往把行为的社会结果作为判断框架,即什么样的工作或管理行为是符合伦理的。对伦理问题的解决,直接影响到企业的道德规范,最终影响到创业绩效。总的来说,新创企业的伦理问题包括以下几个方面。

1. 创业者与原雇主之间的伦理问题

由于许多创业者是离职后开办新企业,那么离职时必须做好以下两方面的工作。

(1) 职业化行事。"职业化"就是按职业的标准化、规范化、制度化的要求塑造自己,即在合适的时间、合适的地点,用合适的方式,说合适的话,做合适的事。职业化行事就是根据社会伦理和组织所要求的行为规范做事,坚守正确的形式规范,是职业化素质成熟的表现。

(2) 尊重所有雇佣协议。对准备创业的雇员来说,充分知晓并尊重其曾签署的雇佣协议至关重要。在一般情况下,关键雇员都签署了保密协议和非竞争协议。

2. 创业团队成员之间的伦理问题

创业团队成员之间要有科学合理的利益分配方案、决策程序、岗位职权划分和务实的商业计划。这些内容对于新企业和谐、高效、持久发展至关重要。

(1) 股份的划分。新企业的初始股份划分要科学。①拟定总股份数,将公司的股份划分成若干股,结合新企业融资情况将一定比例的股份暂时封存,以备以后年度按贡献值分股和新的投资人进入;②根据团队成员对项目的贡献情况规定一个管理股份比例,这部分不应超过总股份数的1/5;③企业运作一段时间后,让每位团队成员根据新企业的运营情况,结合自己的力量,对剩余的股份进行认购。

(2) 股份的转让。如果有合伙人中途退出,原来享有的管理股份继续享有,但仅有分红权,也可以名义价格转让给其他合伙人或新合伙人,原来的合伙人享有优先权;而原来以现金认购的股份,退出人可以保留,也只享有分红权,如不保留则由公司按照退出的资产净值回购,也可以由其他人受让;退出时没有分配的股份,按名义应该由退出人享有的,由公司以名义价格回购。

(3) 团队成员的工资制度。团队成员首先要以能力定岗,按岗定酬。不过新建企业在最初运营时,通常采用团队成员相同的基本工资和大家都同意的绩效工资制度相结合的方式,多劳多得。

(4) 商业计划的制订。创业不是仅凭热情和梦想就能支撑起来的。因此,在创业前期制订一份完整、可行的创业计划书是创业者必做的功课。通过调查和资料参考,规划出项目的短期及长期经营模式,以及评估出能否赚钱、赚多少钱、何时赚钱、如何赚钱以及所需条件等。当然,以上分析必须建立在现实、有效的市场调查基础上,不能凭空想象,主观判断。根据计划书的分析,再制订出创业目标并将目标分解成各阶段的分目标,同时订出详细的工作步骤。

(5) 职位、职权的确定。为了保证团队成员有效执行新企业的计划、顺利开展各项工作,必须预先在团队内部进行职位、职权的划分。创业团队的职位、职权的确定要根据执行创业计划的需要,结合每位团队成员的特长,具体确定每个人担任的职位和承担的职责以及相应享有的权限。团队成员之间职权的划分必须明确,既要避免职权的重叠和交叉,也要避免无人承担造成工作上的疏漏。此外,由于还处于创业过程中,面临的创业环境又是动态复杂的,创业过程中会不断出现新问题,例如,团队成员的不断更换。因此,创业团队成员的职权也应根据需要不断进行调整。

(6) 企业决策的决定。决策是一项既复杂又极其重要的工作。正确的决策可以使新开办企业由平凡走向辉煌,而错误的决策会使企业走向失败,甚至破产。新企业在做出决策前要认真听取创业团队成员的意见,博采众长。在遇到意见不一致的情况时,通常可以采用投票的方式或根据所持股份的多少来做出决策。

3. 创业者和其他利益相关者之间的伦理问题

创业者和其他利益相关者之间的伦理问题涉及三个方面。

(1) 人事伦理问题。目前存在于企业与员工的人事伦理问题表现形式复杂多样。其中,最为突出的是员工安全隐患和不公平待遇问题。企业应为员工提供安全的工作环境,以免员工在工作过程中,被工作环境中的事物和人员伤害到身体或心理。同时企业应不分民族、性别、年龄、肤色、宗教等,公平对待每位员工。

(2) 利益冲突。在企业运营过程中,经常会发生员工利益与企业利益冲突的情况,如果解决不好,任其发展下去,将会引起利益失衡而导致双方利益受损,甚至两败俱伤、产生法律纠纷等后果。因此,企业一方面要为员工提供比较满意的福利和工作环境,另一方面应加强员工的职业道德教育，让员工明白，当他的利益与公司整体利益一致时，员工的利益才能得到保证。

（3）顾客欺诈。在创业初期，创业者往往过于重视企业效益，忽视尊重顾客或公众安全等问题。例如，销售明知不安全的产品、拍摄误导性广告等，这都将给企业带来毁灭性打击。创业者应该站在顾客的角度看待即将推出的产品或服务，不断监督自己的工作，寻找能让顾客更满意的方法。

五、企业选址策略和技巧

对于首次有创业打算的创业者来说，选择将创业地点放在哪个城市或者哪个地理区域，是一件非常重要的事情，需要在最初的创业计划中予以重点考虑。其中，最关键也最让首次创业者头疼的莫过于选址了，一家店地址的好坏直接关系到今后的顾客流量和营业额。

对于进行店面经营的公司来说，成功的秘诀更是只有一个：选址、选址、再选址。经营地点的选择是创业者在创业初期面临的一大难题。

开始创业前，需要了解各个城市/地区的基本法律环境。设立企业从事经营活动，必须到工商行政管理部门办理登记手续，领取营业执照，如果从事特定行业的经营活动，还须事先取得相关主管部门的批准文件。设立特定行业的企业，还有必要了解有关开发区、高科技园区、软件园区（基地）等方面的法规、规章、有关地方规定，这些都有助于首次创业者选择创业地点，以享受税收等优惠政策。

大多数首次创业者都会选择在比较熟悉的城市开始自己的第一次创业活动。例如：家乡、工作或学习的城市等，在选定了目标城市之后，也需要对城市中的各个区、园、所等进行细致的了解，以方便今后进行一系列的注册、经营等活动。

一般来说，无论是选择商业、服务业、制造业或是IT业，在选择经营地点时，都应该注意以下这些因素：市场因素、商圈因素、物业因素、区位因素、个人因素和价格因素。

对于市场因素，可以从顾客和竞争对手两个角度来考虑。从顾客角度看，要考虑经营地是否接触顾客，周围的顾客是否有足够的购买力。对于零售业和服务业，店铺的客流量和客流的购买力决定着企业的业务量。从竞争对手角度看，经营地点的选择有两种不同的思路：一种是选择同行聚集林立的地方，同行成群有利于人气聚合与上升，比如当下的服饰一条街、建材市场、家电市场、小商品市场等；另一种思路则是"别人淘金我卖水"，别人都蜂拥到某地去淘金，成功者固然腰缠万贯，失败者也要维持生存。如果到他们中间去卖水，肯定稳赚不赔。

商圈因素，就是指要对特定商圈进行特定分析。如车站附近是往来旅客集中的地区，适合发展餐饮、食品、生活用品；商业区是居民购物、聊天、休闲的理想场所，除了适宜开设大型综合商场外，特色鲜明的专卖店也很有市场；影剧院、公园名胜附近，适合经营餐饮、食品、娱乐、生活用品等；在居民区，凡能给家庭生活提供独特服务的生意，都能获得较好发展；在市郊地段，不妨考虑向驾车者提供生活、休息、娱乐和维修车辆等服务。

物业因素同样也不能忽略，在置地建房或租用店铺前，创业者应首先了解地段或房屋规划的用途与自己的经营项目是否相符；该物业是否有合法权证；还应考虑该物业的历史、空置待租的原因、坐落地段的声誉与形象，以及是否存在环境污染治安问题。

区位因素指的是经营业务最好能得到所在区位和政府的支持,至少不能与当地的政策背道而驰。

个人因素,有时会被一些创业者过多地关注,一些人常常选择在自己的住所附近经营,然而这种做法,可能会令创业者丧失更好的机会价格因素。

价格因素也是创业者在购买或租赁商铺、办公地时,要充分考虑的一方面。价格因素包括资金、业务性质、创业成功或失败后的安排、物业市场的供求情况、利率趋势等,以免做错误决定,对企业的业务经营造成不良影响。

六、新企业的社会认同

企业社会责任的概念已经广被接受,但就国际社会而言,还没有一个统一的定义。但从国际组织对企业社会责任给出的定义可以看出,其基本内涵和外延是一致的,它是指企业在创造利润、对股东利益负责的同时,还要承担起对企业利益相关者的责任,保护其权益,以获得在经济、社会、环境等多个领域的可持续发展能力。利益相关者是指企业的员工、消费者、供应商、社区和政府等。企业得以可持续经营,仅仅考虑经济因素对股东负责是远远不够的,必须同时考虑到环境和社会因素,承担起相应的环境责任和社会责任。

(一) 新企业对企业员工的责任

员工是企业内部的利益相关者,也是企业发展的基础。新企业需要采取完善的组织管理、建立薪酬激励机制、营造企业文化等措施,提高员工待遇,改善员工工作环境,依法维护员工的合法权益,激励员工为企业创造更多价值。

(二) 新企业对股东的责任

股东是企业的投资人,是企业产生利润的直接相关者。新企业必须对股东的资金安全和收益负责,严格遵循国家法律法规的规定,为股东争取丰厚的投资回报,不得欺骗股东,必须向股东发布企业生产经营的真实情况,提供企业融资方面的可靠信息,保证资本保值增值与进行股利分配,公正合理地对待投资者的利润和附加利润的分配。

(三) 新企业对消费者的责任

消费者是企业实现利润最大化的利益相关者,其购买行为决定企业的生存与发展。新企业应把满足消费者物质和精神需求作为责无旁贷的义务,尊重与维护消费者的合法权益,承担起对消费者的责任。新企业不仅为消费者提供可以信赖、货真价实、物美价廉、舒适耐用和安全可靠的产品或服务,而且要履行在产品质量和服务水平等方面对消费者的承诺,并且自觉接受社会公众与政府的监督。

(四) 新企业对环境与资源的责任

生态环境与自然资源是人类赖以生存和发展的基础,是企业成长与发展的利益相关者。企业作为社会公民对资源和环境的可持续发展负有不可推卸的责任,而企业履行社会责任。通过技术革新不仅可以减少生产活动各个环节对环境可能造成的污染,同时也可以降低能耗,节约资源,降低企业生产成本,从而使产品价格更具竞争力。企业还可通过公益事业与社区共同建设环保设施,以净化环境,保护社区及其他公民的利益。这将有助于缓解城市,尤其是工业企业集中的城市经济发展与环境污染严重、人居环境恶化之间的矛盾。

（五）新企业对社区的责任

社区是企业的外部利益相关者。新企业需要成为所在社区建设的主动参与者，与之建立起广泛的联系，并采取适当方式对社区环境的改变给予回馈。新企业应承担与社区建立和谐融洽关系的责任，积极参与社区的公益活动，为社区公益事业提供慈善捐助；济困扶贫，关心弱势群体，为社区提供更多的就业岗位，缓解社区居民的就业压力；保持社区环境清洁，为社区居民提供更好的生活环境。

（六）新企业对政府的责任

政府作为企业重要的利益相关者，要为企业生产经营活动营造良好的宏观环境。在市场经济背景下，政府在社会上扮演着为社会组织与社会公民服务的角色，监督与秉持公正的角色。新企业作为社会组织或社会公民，应对遵守政府的有关法律和政策规定承担责任，接受政府有关部门的监督、指导与管理，合法经营、依法纳税。在服务和回馈社会的同时，促进社会进步与社会稳定。

第二节 新企业生存管理

★学习要点

1. 新企业管理的重点与行为策略；
2. 新企业管理的特殊性；
3. 新企业对风险的应对策略和技巧。

一、新企业管理的特殊性

新企业在全球创业观察（GEM）的报告中，指的是成立时间为 42 个月以内的企业。新企业在发展过程中，容易遭遇资金不足、制度不完善以及因人设岗等问题。企业主要把希望寄托在产品（服务）的市场前景和创业者的企业家精神上，而企业的财务资本、人力资本、技术水平、治理结构和管理制度都十分有限，更没有品牌、商誉等无形资产，生存是企业的首要任务。因此，企业不仅要面临外部环境竞争的极大压力，还要面对各种资源短缺的压力。

（一）新企业创业初期是以生存为首要目标的行动阶段

创业初期的首要任务是在市场中生存下来，让消费者认识和接受自己的产品或服务。只有这样，企业才能够持续地为顾客创造价值，才能继续发展壮大。因此，在创业阶段，应始终将"生存"放在第一位，一切行为都要围绕生存而运作，一切危及生存的做法都必须予以避免。不要空谈理想，而忽略了企业生存这一根基；也不要墨守成规、只顾眼前，而失去了企业发展的大好机会。而最忌讳的，就是在创业阶段不切实际地进行盲目扩张，其结果只会是：不但不会成功"跨越"，反而会加速创业企业的灭亡。

（二）新企业创业初期是主要依靠自有资金创造自由现金流的阶段

现金流是指，不包括资本支出以及纳税和利息支出的经营活动的净现金流。它就像是人的血液，企业可以承担暂时的亏损，但不能承受现金流的中断。新企业创业初期，企业需要大量的资金用于购买机器、厂房、办公设备、生产资料、技术研究与开发、销售等，而该时期企业的资金来源有限，风险较大、风险承受能力有限，产品刚投入市场，销路尚未打开，造成产品积压，现金的流出经常大于现金的流入，资金相对匮乏。由于一般投资者无法承受巨大的风险，而企业又没有过去的经营记录和信用记录。因此，新企业从银行获取贷款的可能性和向新投资者获取权益性资金的可能性均很小，企业主要依靠创业者自己或朋友亲戚的资金资助，通过加大营销力度，扩大市场份额和规模来创造自由现金流，以解决企业的生存问题。

（三）**新企业创业初期是充分调动"所有的人做所有的事"的群体管理阶段**

新企业创业初期组织结构比较简单，创业者或经理不仅对部门负责，而且和部门负责人一起面对企业的全体员工及其岗位，创业者或核心管理者常常既是管理者，又是技术人员或市场业务员，甚至总经理、总工程师、市场部经理等都是创业者一人兼任。企业组织很不正规，没有明确的分工，采取个人独立工作或分散的小组运作方式，通常有许多人同时担任好几种职责，但效率高。

（四）**新企业创业初期是一种"创业者亲自深入运作细节"的阶段**

新企业创业初期由于企业规模较小，组织管理的层次较少，管理上基本都是直线控制指挥，一般为企业家、创业者直接领导，他们处于最强有力的位置，采用仁慈独裁式或独裁式领导。事无巨细，一般要创业者直接参与决策，甚至创业者本人到第一线直接参与经营活动。创业者是企业的核心，控制并参与企业的全部经营业务，包括原材料、能源、经营、资产与合作。

二、新企业成长的驱动因素

（一）**创业者**

创业者是新企业的决策者和领导者，对新企业的驱动具有重要作用。

拉瑞·葛雷纳（Larry E. Greiner）认为新企业创业初期是因为创新而成长，这时候靠的是领导人或合伙人的领导魅力。创建一个成功企业，需要解决的主要挑战及问题是界定市场需要和开发适当的产品（服务）来满足顾客需要。解决这些问题所需要的是典型的企业家技巧：探明市场需要的能力，承担投资风险，建立一个满足这种需要的企业愿望，以及创建一个能够提供这种产品或服务的组织能力。创业初期主要利用企业家的创新能力，识别可行的市场，并确定有竞争力的产品，进入新的市场空间，开发新的缝隙。建立创业团队同样取决于创业者的能力和作用。在新企业创业初期，创业者通常担任很多职务，在组建团队时需要对创业者自身进行精确分析，需要对创业战略进行精确评价，需要对企业资源进行具体评价等。因此，企业家是管理并运作一个企业最高层的管理人员，是决定企业成长的关键力量，是企业的精神领袖。优秀的企业家是一种稀缺资源，他们在经营中表现出与众不同的优秀品格，如强烈的进取心、较强的内控能力、善于把握机会、敢于冒险、富于创新、不断挑战自我、超越自我的精神。

（二）创业团队

创业团队是影响新企业成长的重要因素。创业团队的特征不同将影响新企业的成长，其特征主要表现在创业精神、专业水平、组织方式三个方面。

创业团队的创业精神驱动。创业精神在精神层面上，表现为创业欲望、决心和干劲等。在本质层面上，彰显着创业价值观。创业价值观作为创业精神的核心，对新企业的价值取向起到引领和支配作用，并在企业成长中，形成创业战略与创业文化，从而决定新企业的创业取向。

创业团队的专业水平驱动。专业水平主要是指创业团队在技术、营销、管理方面的专业素质和能力水平，它属于技术层面的特征。专业水平作为创业团队推动新企业成长的实践能力，在很大程度上体现创业团队的价值，其专业水平越高，对新企业发展的影响作用越大。

创业团队的组织方式驱动。组织方式主要体现为创业团队的组织形式和治理结构，它属于运作机制和制度范畴层面的特征，对创业团队起着激励创业热情、管理创业活动、提高创业能力的保障作用。实践表明，创业团队的组织方式能在新企业战略制定、经营管理、人才吸引和技术创新等方面，为新企业的成长提供强大的机制功能和促进作用。

（三）市场

企业的存在，是因为能够满足市场的需要，如果没有市场需求，新创的企业就没有生存的价值。在竞争激烈的市场环境下，创业者如果不能开拓并管理好市场，即使拥有最好的技术、雄厚的资金，也可能导致企业夭折。创业者应坚持"创造市场"的理念去开拓市场、管理市场。

（四）组织资源

新企业的成长取决于其所控制和能够利用的组织资源。组织资源一般指企业的正式管理系统，包括企业的组织架构、作业流程、工作规范、信息沟通、决策体系、质量系统以及正式或非正式的计划活动等。充裕的组织资源与新企业的市场占有率、销售量和现金流量有直接的关系。一个新企业能够有效控制和科学利用组织资源，关注组织资源基本要素之间的契合度，在趋于合理的组织结构、再造整合的作业流程、日益科学的工作规范、准确有效的信息沟通等要素的共同作用下，形成企业竞争的优势，获得企业产品或服务的市场占有率和销售业绩的提升，实现新企业不断走向成长与发展。

三、新企业成长管理的技巧和策略

创业初期的企业往往处于高风险期，抵抗内、外部风险的能力都很弱。因此，企业在创业初期管理的主要任务是设法保证自身存活，管理的重点主要有如下几方面。

（一）整合外部资源，追求外部成长

市场环境日新月异，对企业来说既是挑战，也是机遇，环境的变化使得一些前所未闻的问题层出不穷，但同时机会也接踵而至。机会稍纵即逝，任何企业的资源结构都不可能适合于所有情况，也没有企业总是能够在第一时间找到合适的新资源，于是整合外部资源，快速应对新情况是新企业成长的利器。

新企业的人力、财力、物力资源相对匮乏，注重借助别人（既包括竞争对手，也包括

合作者）的力量，发展壮大自身，便显得尤为重要，这也是快速成长企业特别擅长的策略。据一项调研表明，融资方式的选择是影响中小企业经营的一个重要因素，如何选择融资方式，怎样把握融资规模以及各种融资方式的利用时机、条件、成本和风险，对企业的生存和发展都至关重要。而通过上市获得短缺资源并迅速扩大规模是企业实现成长的捷径之一。

（二）保持持续成长的人力资本

美国著名管理学者托马斯·彼得斯认为："企业或事业唯一真正的资源是人，管理就是充分开发人力资源以做好工作。"在创业要素中，人是最核心的要素。人力资源是任何企业中最宝贵的资源，经济学家称之为第一资源。快速成长企业的一个共同成功要素是其强有力的人力资源管理。企业根据创业战略，分析新企业在环境中的人力资源供给与需求状况，制定相应的政策和措施，确保在需要的时间和需要的岗位上获得各种需要的人才，创造良好的人力资源环境，使人与事圆满结合，事得其人，人尽其才。快速成长企业的经营者并不一定要受过高等教育，但他们要雇用一大批有能力的下属，他们通过构建规模较大的管理团队让更多的人参与决策。

（三）实现从创造资源到管好用好资源的转变

新企业的成长是靠资源的积累实现的。创业者能否成功地创造出机会，进而创建新企业或开拓新事业，在很大程度上取决于他们掌握和能整合到的资源以及对资源的利用情况。新企业成长需要从注重创造资源转向管理好已经创造出来的资源，从资源"开创"到资源的"开发利用"。创业者要注意挖掘资源价值，从价值创造的角度分析资源，而不是一味地追求资源占有的数量。因为资源获取本身也需要承担成本，占有资源而没有创造价值就是浪费资源，必将为此付出代价。目前，有的企业上市的主要目的是筹集资金，筹集到的资金因为没有好的投资项目而闲置，从而造成很大的损失。

新企业成长需要采取必要的措施，管理好客户资源，管理好有形、无形资产，通过现有资源创造最大价值。在企业生存阶段，切忌因为市场的扩大而忽视顾客。顾客需求的满足是企业成长的根本理由，通过运用和客户相接近的能力，满足客户的要求，保证他们的忠诚，认真对待客户，在交往中使他们感觉良好是一种本质的回报。

（四）形成比较固定的企业价值观和文化氛围

一个公司要想发展起来，不仅要靠硬件设施，还要靠文化这个软件。因此，一个公司要发扬团队精神，也不能只靠口号、希望、标语，还要靠在无形中影响人的企业文化。

企业价值观是企业文化的核心，构建企业文化的关键是确立并发展企业共同价值观。"利润只是把工作做好的副产品"，这是耐克公司的价值观，耐克公司的成功依赖对价值观的执着——建立与发展共同价值观。对于新创立的企业或创建初期的企业文化建设，应该全面构建企业物质、制度和精神文化。而大多数快速成长企业都有比较固定的企业价值观，用以支持企业的健康发展。

新创立的企业要想成长起来并保持长期竞争优势，创业者的素养、观念意识是十分关键的，并且它们对企业文化有重要的导向作用。创业者创建企业文化，既是艰苦创业的需要，也是创业企业能够迅速健康成长的需要。企业文化的雏形对今后企业文化的发展影响重大。所以，快速成长企业的创建者非常热爱他们自己所从事的事业，他们审时度势，树立符合社会发展的价值观念，并倾注全部心血使企业的价值观延续下去。

（五）注重用成长的方式解决成长过程中出现的问题

拉瑞·葛雷纳指出，组织的变革伴随着企业成长的各个时期，组织变革与组织演变相互交替，进而促使组织发展。组织成长中两个时期之间是否能够正常过渡决定着企业的成长方向。

第一，注重在成长阶段主动变革。企业应明确发展战略，制定、实施战略决策，将精力集中于影响企业经营绩效的那些关键因素和环节，注重自身的发展方向与未来环境的适应性，积极主动地应变，利用环境变化中存在的各种机会，使自身在变化的环境中发展壮大。

第二，善于把握变革的切入点。英特尔公司前总裁葛洛夫先生有一句话："当一个企业发展到一定规模后，就会面临一个战略转折点。"就是说，创业者要改变自己的管理方式、管理制度、组织机构，否则就难以驾驭和掌控企业，更不用说持续经营。所以，在企业管理中要正确把握企业成长的各个阶段，针对各个阶段不同的特点和企业实际情况，进行重点管理，采取新的管理方式和手段，平稳转折，实现突破。

第三，重视人力资源的开发。新创企业在生存阶段，新员工涌入给企业原有的价值观和行为规范带来巨大的冲击，领导者不可能再管到每个人，中层管理者希望有更多的权力和权威，人员素质和水平越来越不能满足公司发展的需要。因此，对于一个新创立的企业，需要的是合理的人力资源配置，如果配置不合理，一方面可能使某些人员富余，另一方面又造成需要的人才严重短缺，使创业过程人力资源成本加大，工作效率降低，甚至使创业夭折。

第四，注重系统建设。在创业初期，迫于生存压力，企业一切以顾客和市场为中心，这样做的本质是单纯以获取资金为中心，并不是真正意义上的市场导向。企业的全体员工只重视结果，而不重视过程，只重视所得，而不重视成本，以至于企业的销售量和销售收入都在快速增长，但利润没有增长，反而下降。企业发展起来后，规模扩大了，要解决组织成长问题，基础是企业必须形成自己的使命、愿景和核心价值观并为组织成员所认同，并在此基础上建立公司的组织架构和人力资源管理系统。

（六）从过分追求速度转到突出企业的价值增加

当企业经过一段时间的奋斗并取得一定成果后，企业基本步入正轨，随着产品打开市场局面，企业业务得以快速发展。与此同时，顾客的产品知识也日益丰富，对质量、价格、交货期等方面提出了更高的要求，竞争对手增加，竞争范围扩大，企业面对价格竞争的压力也越来越大。因此，当企业发展到一定程度时就需要向价值增加快的方面转移和延伸，以获得最大的价值增加。

突出价值增加的另一方面就是企业品牌的打造。品牌在本质上代表某种产品的特征、能给消费者带来利益和服务的承诺，是消费者识别企业的重要依据。因此，对于新创企业来说，给自己的产品打造独特的品牌就显得更为重要。

四、新企业的风险控制与化解

新创企业在成长和发展过程中，会遇到各种各样的风险或危机。因此，如何去面对并化解风险和危机对创业者来说是一个很大的挑战。企业在成长过程中往往会付出一些代价,主要表现为管理薄弱、计划失败、方向失控、目标偏离、沟通困惑、培训欠缺、过度乐观或紧张、决策盲目、质量失控以及创新和长期投资被忽视等。

这些症状会导致创业企业陷入成长中的危机,如不事先进行控制和防范,极易给企业带来不可挽救的损失并严重破坏企业形象,甚至使企业陷入困境,乃至破产。风险或危机作为一种不确定性的事件,具有突发性、预知性、破坏性以及紧迫性,有利的一面是风险可能演变成一种机会,不利的一面可能就是一种危机或灾害。因而,新企业应根据不同条件、不同环境选择不同的风险控制和化解措施,制订风险管理计划,通过对风险监控来增强防范、化解风险的主动性,减少风险损失。

（一）制订风管理解计划

新企业对风险采取主动的方法,其中避免永远是最好的措施,这可以通过采取风险管理计划来达到。例如,新企业的人员流动风险,基于以往历史和管理经验,人员流动概率为60%,这对企业成长具有严重的影响。因此,企业首先要找出人员频繁流动的原因——是工作环境差、报酬待遇低,还是竞争激烈等。然后,针对原因提出改善方案,通过工作复审让多人熟悉同一工作,对关键技术岗位指定后备人员,从而确保人员离开时的工作连续性。

（二）构建风险监控体系

创业者对新创企业要建立风险监控体系,确保企业运作正常,包括设置事前、事中、事后三道防线,健全风险预警、风险控制、风险补偿三级制度；严格资金管理,严格区分客户资金和自由资金,使资金调拨安全迅速。三种管理手段并举,为公司运营保驾护航,使企业的发展规范、健康、有序和持续。

（三）实施风险化解措施

所有风险分析活动都只有一个目的,就是帮助项目组找到处理风险的策略。这时候就需要创业企业做到以下几点。

（1）强化团队支持,避免独立的项目结构。通过有效的团队建设增进团队之间的项目支持,可以有效避免一些风险；

（2）提高项目经理的权限。有些问题可以在项目经理的层次解决,而不需要向更高一层汇报,这样可以有效缩短化解风险的时间；

（3）改善沟通。通过加强和改善信息流通来促使一些问题得到合理解决；

（4）经常进行监督、检查和管理。

思考与练习

一、名词解释

1. 知识产权
2. 创业伦理
3. 公司章程
4. 企业社会责任

二、简答题
1. 创业过程中选用管理策略时，应把握哪些基本原则？
2. 如何进行创业风险的事后防范？
3. 简述新企业在领取营业执照时的流程。
4. 简述新企业在创建时，需要遵守的法律法规和伦理道德。
5. 论述新企业的管理具有特殊性的原因。你了解哪些新企业管理的技巧和策略？
6. 简述新企业在生存阶段的管理方法。
7. 产业和技术变化是如何影响新企业成长的？
8. 新企业成立初期易遭遇哪些管理问题？又有哪些管理行为策略？
9. 新企业成长的推动力有哪些？并简述新企业整合外部资源的方法。
10. 新企业成长面临哪些限制和障碍？针对新创企业遇到的风险及障碍有哪些应对策略？
11. 新企业选址通常需要考虑哪些因素？
12. 创业计划书由哪些部分组成？一份完整的创业计划书都应该包括哪些内容？
13. 怎样进行市场调查？如何收集创业计划中的信息？
14. 你觉得企业的社会责任应该有哪些？如何提高企业承担社会责任的意识和能力？

三、判断题
1. 企业退休领导人员很容易萌发再创办企业的意念。　　　　　　　　　　　（　　）
2. 创办企业时，律师和注册会计师的建议应严格遵照执行。　　　　　　　　（　　）
3. 买断现成企业的一个最好理由是有机会进行讨价还价。　　　　　　　　　（　　）
4. 在家庭企业的早期阶段，家庭关系比专业技能更为重要。　　　　　　　　（　　）
5. 在企业处于艰难时期，家族成员往往会牺牲自身利益，去维持企业的经营；而非家族成员则会离开企业。　　　　　　　　　　　　　　　　　　　　　　　（　　）
6. 由于缺少必要的管理技能和经验，成功的创业者往往不是优秀的管理者；而管理者也缺乏某些创业所需的个人素质，如白手起家开创事业的决心和勇气等。　　（　　）
7. 一般来说，与问题型机会相比，创造型机会的价值更高。　　　　　　　　（　　）
8. 创建新企业不一定进行商业模式开发。　　　　　　　　　　　　　　　　（　　）
9. "学习效应"是由于管理者越来越熟悉企业的经营活动，使其可以在不降低现有工作质量的前提下，节省出管理服务来支持企业成长。　　　　　　　　　　（　　）
10. 编制创业计划书的目的就是为了吸引投资者的注意。　　　　　　　　　（　　）

四、实训题
1. 如果你有个创业想法，请写出你准备阶段应做的事情及具体实施步骤。
2. 请规划出你们公司未来的发展方向及具体实施步骤。
3. 以创办一家少儿书店为例，结合你所在的城市特征，写出你认为较好的开店地址是哪里，并说出具体原因。
4. 如果你是一名新开办文化传媒企业的领导者，写一写你认为最需要管理好的地方是哪里，你该如何进行有效的管理。
5. 搜集一些典型企业奉献社会的具体事例。例如，华为、腾讯、阿里，写一写他们奉献社会的力度有多大,并说明在奉献社会的过程中,这些企业又收获了一些什么,对自己的发展产生了什么作用?

6. 如果你想创办一个企业,请写出你的创业计划书。

五、案例分析

江苏东台市新农镇临海村青年农民崔益祥,从邻乡农民邓瑞云土法上楼板导致楼房倒塌一死三伤的重大事故中得到启示:中国有 2.2 亿个家庭在农村,如果有厂家专为农村建筑开发一个起吊安装楼板的自动化设备,将有一个了不起的市场空间。有了这样的想法,崔益祥筹资 10 万元开发费,在南京建工学院专家教授指导下顺利开发成功全自动楼板吊装机,这种由手扶拖拉机、发电机、卷扬机、自动伸缩塔、空中平面输送轨道、电控箱等组合而成的成套设备,只需一个手握控制器远距离操作即可将楼板从平地举吊到 4 层楼面。这种小型吊装设备一生产出来,在农村市场很受欢迎,而且带动了一项新的产业。有一位原从事出租楼板业的人,买了一台这种设备,在农村从事楼板吊装业务,头一年就收入 10 万元。

思考:以上案例说明了哪些经商的道理?对你有哪些启发?你学到了哪些东西?

参 考 文 献

[1] 李光，易晓波，孙强，等．创业导论［M］．武汉：武汉大学出版社，2003．
[2] 姜彦福，张韩．创业管理学［M］．北京：清华大学出版社，2005．
[3] 陈敏．创业指导［M］．杭州：浙江大学出版社，2004．
[4] 丁栋虹．创业管理［M］．北京：清华大学出版社，2006．
[5] 烨子．成功创业的12个基础［M］．北京：中国盲文出版社，2002．
[6] 葛建新．创业学［M］．北京：清华大学出版社，2004．
[7] 孙陶然．创业36条军规［M］．北京：中信出版集团，2012．
[8] 李肖鸣，朱建新，郑捷．大学生创业基础［M］．北京：清华大学出版社，2009．
[9] 郑晓燕．创业基础案例与实训［M］．成都：西南财经大学出版社，2014．
[10] 蔡剑，吴戈，王陈慧子．创业基础与创新实践［M］．北京：北京大学出版社，2015．
[11] 赵承福，陈译河．创造教育研究新进展［M］．济南：山东人民出版社，2002．
[12] 刘道玉．创业与人生设计［M］．武汉：湖北教育出版社，2002．
[13] 李华，詹远一，邓蓉，等．中小企业经营诊断［M］．北京：知识产权出版社，2007．
[14] 李万杰，王文博．信息时代成功学［M］．北京：中国纺织出版社，1998．
[15] 曹成伟，刘荆洪，贺亚茹．技能型人才创造品格与素质培养［M］．海口：南海出版公司，2009．
[16] 何鹏飞．自慢：从员工到总经理的成长笔记［M］．北京：北京大学出版社，2008．
[17] 彭本红，于锦荣．营销管理创新［M］．武汉：武汉理工大学出版社，2008．
[18] 赵卿敏．创新能力培养［M］．武汉：武汉大学出版社，2002．
[19] 李家华．创业基础（第2版）［M］．北京：清华大学出版社，2015．